内蒙古知多少 低碳发展

NEIMENGGU
DITAN FAZHAN
ZHI DUOSHAO

内蒙古自治区生态环境低碳发展中心
生态环境部环境与经济政策研究中心 编著

中国环境出版集团 · 北京

图书在版编目(CIP)数据

内蒙古低碳发展知多少 / 内蒙古自治区生态环境低碳发展中心，生态环境部环境与经济政策研究中心编著 . —北京：中国环境出版集团，2021.9

ISBN 978-7-5111-4837-7

Ⅰ . ①内… Ⅱ . ①内… ②生… Ⅲ . ①低碳经济—区域经济发展—研究—内蒙古 Ⅳ . ① F127.26

中国版本图书馆 CIP 数据核字（2021）第 168415 号

出 版 人 武德凯
责任编辑 易 萌
责任校对 任 丽
装帧设计 彭 杉

出版发行 中国环境出版集团
（100062 北京市东城区广渠门内大街 16 号）
网 址：http://www.cesp.com.cn
电子邮箱：bjgl@cesp.com.cn
联系电话：010-67112765（编辑管理部）
010-67112739（第三分社）
发行热线：010-67125803，010-67113405（传真）

印 刷 北京中科印刷有限公司
经 销 各地新华书店
版 次 2021 年 9 月第 1 版
印 次 2021 年 9 月第 1 次印刷
开 本 880 × 1230 1/32
印 张 5.125
字 数 84 千字
定 价 25.00 元

编写委员会

主　任：莫晓莲　张兆刚

副主任：和小平　王红凌　王　虎

主　编：俞晓东　冯相昭　侯元松

副主编：王　敏　律严励　胡敬韬

编　委：李秋萍　吴文华　卢艳丽　马志明
王　鹏　邵润蛟　李维伦　杨儒浦
段志国　杜晓林　张　泽　余　晨
张少华　韩庆龄　李莫菲　行　安
赵志林　马玉波　梁守政　石慧龙
王　福　王　凯　沈金霞　王莉莉
王永佳　杨　帆　李慧琴　李建军
韩艳丽　丁　柱　刘　涛

参　编：杨　冰　张建新　张东晖　王　鑫
昂格拉玛　窦永军　赵　娟　白麓楠
宋姗姗　田海芬　米丽娜　张玉旭
王　宇　刘喜和　刘宇星　贾　犇
李传强　刘方月　金青青　米红胤
刘　晨

FOREWORD 前言

我国力争2030年前实现碳达峰，2060年前实现碳中和，是以习近平同志为核心的党中央经过深思熟虑作出的重大战略决策，事关中华民族永续发展和人类社会可持续发展，是建设美丽中国，实现中华民族伟大复兴的内在要求，也是积极应对气候变化，推动构建人类命运共同体的客观需要。作为世界第一大能源生产国和消费国，如期实现碳达峰、碳中和目标是一场硬仗，更是一场大考，必须增强自信，保持战略定力，同时也要做好打持久战的思想准备和工作准备。

全球气候变化影响着每一个人，积极应对气候变化，确保如期实现碳达峰、碳中和目标不仅是政府和企业的行为，也是我们每个人的责任。欧盟发达国家多年来的实践经验表明，实现碳达峰、碳中和目标的根本动力在于全民参与，而全民参与的基础则是公民低碳发展意识的普遍提高。因此，公民低碳发展意识的培育和养成是推动实现碳达峰、碳中和目标的重要途径和基本保证。加强面向社会的低碳发展宣传工作迫在眉睫，十分必要。

内蒙古自治区作为我国北方重要的能源基地，在低碳发展方面的群众性基础较差，不仅是一些企业和老百姓对低碳发展的背景、意义、政策、方法、路径不理解，缺乏主动介入意识，连部分基层干部也对此认识的不清楚、不深入。特别是自媒体时代信息传播泛滥，社会公众所接触到的关于“低碳发展”的信息质量更是良莠不齐。因此，在内蒙古自治区党史学习教育工作开展之际，内蒙古自治区生态环境低碳发展中心基于“我为群众办实事办好事”实践活动，从助力实现碳达峰、碳中和战略目标出发，结合自身职能职责，组织编写了《内蒙古低碳发展知多少》。《内蒙古低碳发展知多少》紧跟时代发展步伐，聚焦低碳发展领域热点、难点，回应干部群众所关切的问题，主要以问答的形式全面阐述了气候变化和低碳发展的背景知识、内涵、工作部署、发展现状、实现路径等，力求语言简洁、内容通俗、图文并茂，以期为各族群众和广大基层干部了解低碳发展知识、树立低碳发展意识提供学习参考和帮助。

《内蒙古低碳发展知多少》在编写过程中得到了生态环境部环境与经济政策研究中心各位专家与领导的大力支持，并且提供了大量的宝贵资料，极大地丰富和完善了本书的内容，特此致谢！

因时间紧张，加之水平有限，本书可能存在疏漏与不当之处，恳请读者批评指正。

内蒙古自治区生态环境低碳发展中心

2021 年 8 月

CONTENTS 目录

第一章

CHAPTER 1

关于低碳发展的名词解释

001 > 气候变化（Climate Change）

根据《联合国气候变化框架公约》中对气候变化的定义，气候变化是指：“经过相当一段时间的观察，在自然气候变化之外由人类活动直接或间接地改变全球大气组成所导致的气候改变。”气候变化被认为是威胁世界环境、人类健康和全球经济的最危险的因素之一，成了世界环境的热点问题。

002 > 温室效应（Greenhouse Effect）

温室效应是指透射阳光的密闭空间由于与外界缺乏热交换而形成的保温效应，就是太阳短波辐射可以透过大气射入地面，而地面增暖后放出的长波辐射却被大气中的二氧化碳等物质所吸收，从而产生大气变暖的效应。温室效应加剧的主要原因是现代化工业社会燃烧了过多的燃料（煤炭、石油和天然气），这些燃料燃烧后释放出大量的二氧化碳并排入大气。二氧化碳具有吸热和隔热的功能，在大气中含量过高会形成一个无形的“玻璃罩”，使太阳辐射到地球上的热量无法向外层空间反射，其结果是地球表面的温度上升。除二氧化碳以外，《联合国气候变化框架公约的京都议定书》（以下简称《京都议定书》）附件中还强调了五种温室气体，即甲烷（CH_4）、氧化亚氮（N_2O）、氢氟碳化物（HFCs）、全氟化碳（PFCs）、六氟化硫（SF_6），这些气体被认定是导致全球气候变暖的“帮凶”。

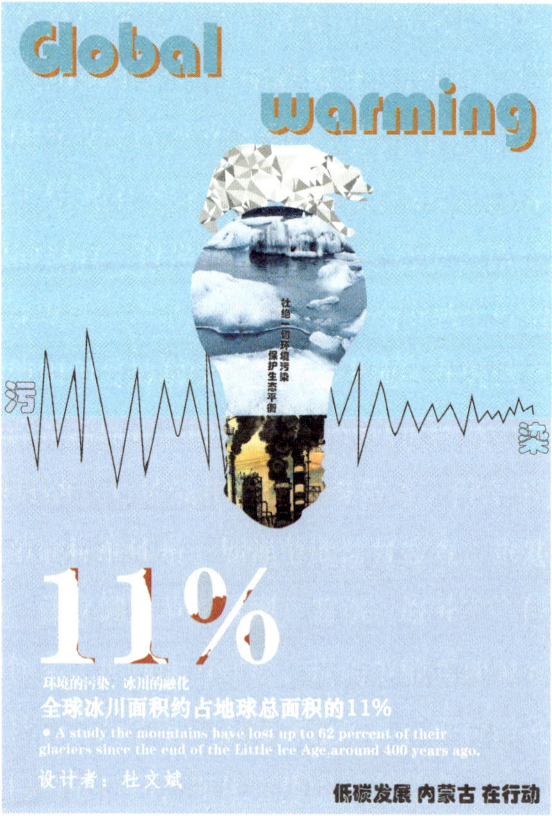

003 > 化石能源（Fossil Energy）

化石能源是一种碳氢化合物或其衍生物，由古代生物的化石沉积而来，是不可再生能源。化石能源所包含的天然资源有煤炭、石油和天然气。化石能源是全球消耗的最主要能源，但随着人类的不断开采，其枯竭是不可避免的，大部分化石能源在21世纪将被开采殆尽。由于在化石能源的使用过程中会产生大量的二氧化碳，同时化石能源在不完全燃烧后，会产生有污染的烟气，若排放到大气中会威胁全球的生态环境和人体健康。

设计者：武雅楠

004 > 新能源（New Energy）

新能源又称非常规能源，一般是指在新技术基础上加以开发利用的可再生能源，包括太阳能、生物质能、水能、风能、地热能、波浪能、海流能和潮汐能，以及海洋表面

与深层之间的热循环等；此外，还包括氢能、核能、沼气、酒精、甲醇等。在人类历史进程中长期依赖的能源都是可再生能源，如薪柴、秸秆等属于生物质能，另外还有水能、风能等；近代社会大规模开发利用的煤炭、石油、天然气等化石能源，一旦用完就无法恢复和再生。与化学能源相比，新能源普遍具有污染少、储量大的特点，对于解决环境污染问题和资源枯竭问题具有重要意义。

005 > 碳源（Carbon Source）

碳源是指有机碳释放超出吸收的系统或区域。在自然界中碳源主要是海洋、土壤、岩石与生物体，另外工业生产、人类生活等都会产生二氧化碳等温室气体，也是主要的碳排放源。这些碳有一部分会累积在大气圈中，引起温室气体浓度升高，打破大气圈原有的热平衡，影响全球气候变化。

006 > 生态碳汇（Ecological Carbon Sink）

生态碳汇不仅包含人们所理解的碳汇，即通过植树造林、植被恢复等措施吸收大气中二氧化碳的过程，同时还增加了草原、湿地、海洋等生态系统对碳吸收的贡献，以及土壤、冻土对碳储存、碳固定的维持，强调各类生态系统及其相互关联的整体对全球碳循环的平衡和维持作用。以森林、草原、湿地、红树林、海洋等为主体的生物固碳措施，有助于不断提升生态碳汇能力，对减缓全球气候变暖具有重要作用。

007 > 碳库（Carbon Pool）

碳库是指在碳循环过程中，地球系统各个存储碳的部分，主要分为地质碳库、海洋碳库、土壤碳库、生态系统碳库等。其中，土壤是陆地生态系统中最大的碳库，对降低大气中温室气体浓度、减缓全球气候变暖具有十分重要的作用。现阶段，人类活动致使地质碳库、土壤碳库逐渐成为碳源，生态系统的碳汇功能正在减弱，海洋碳库还是巨大的碳汇。

008 > 碳达峰（Carbon Peak）

碳达峰是指特定区域（或组织）年二氧化碳排放量在一段时间内达到峰值，之后在一定范围内波动，然后进入平稳下降阶段。这里的二氧化碳排放主要是指煤炭、石油、天然气等化石能源在燃烧活动产生的二氧化碳排放。碳达峰是二氧化碳排放量由增转降的历史拐点，标志着经济发展由高能耗、高排放阶段向清洁、低能耗模式的转变。碳达峰的目标包括达峰时间和峰值。

009 > 碳中和（Carbon Neutral）

根据联合国政府间气候变化专门委员会（IPCC）发布的《全球升温 1.5℃特别报告》，碳中和是指在规定时期内，二氧化碳的人为移除与人为排放相抵消，实现二氧化碳净零排放。具体来说，碳中和是指企业、团体或个人测算在一定时间内直接或间接产生的温室气体排放总量，然后通过植树造林、节能减排等形式，抵消自身产生的二氧化碳排放，实现二氧化碳“零排放”。

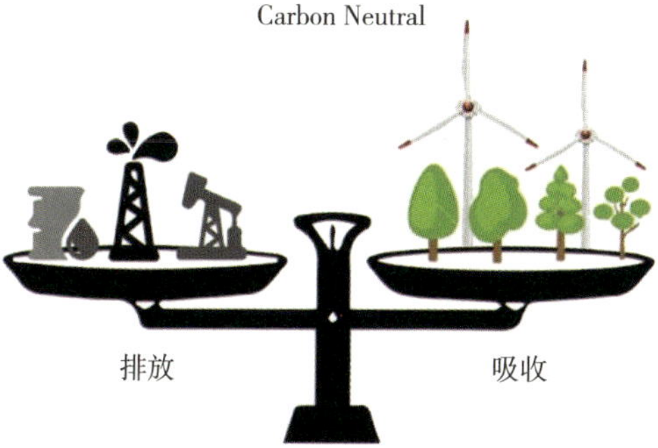

010 > 碳足迹（Carbon Footprint）

碳足迹既包括因使用化石能源而直接排放的二氧化碳（第一碳足迹），也包括因使用各种产品而间接排放的二氧化碳（第二碳足迹）。如一个经常坐飞机出行的人会有较多的第一碳足迹，因为飞机飞行时会消耗大量的燃油而产生大量的二氧化碳；消费一瓶普通的瓶装水，会因为它在生产和运输过程中产生的二氧化碳排放而带来第二碳足迹。碳足迹被用来标示个人或团体的“碳消耗量”。“碳消耗量”越多，碳排放就越多，“碳足迹”也会随之增大，也意味着个人或团体对全球气候变暖所要承担的责任更大。

011 > 碳金融（Carbon Finance）

碳金融又称碳融资和碳物质的买卖，是指由《京都议定书》而兴起的低碳经济投融资活动，即服务于限制温室气体排放等技术和项目的直接投融资、碳权交易和银行贷款等金融活动，是绿色金融的重要组成部分。碳金融的兴起源于国际气候政策的变化以及具有重大意义的《联合国气候变化框架公约》和《京都议定书》发布。

现阶段，碳金融也是化解绿色金融挑战（对环境成本进行量化和风险定价）的重要突破口。

012 > 碳资产（Carbon Asset）

碳资产是指在强制碳排放权交易机制或自愿碳排放权交易机制下，产生的可直接或间接影响组织温室气体排放的配额排放权、减排信用额及相关活动。如在碳交易体系下，企业由政府分配碳排放量配额；企业内部通过节能技术改造，减少了企业的碳排放量，由于该行为使得企业可在市场流转交易的排放量配额增加，因此，也可以被称为碳资产；企业投资开发的零排放项目或减排项目所产生的减排信用额，且该项目成功申请了清洁发展机制项目或中国核证自愿减排项目，并在碳交易市场上进行交易或转让，此减排信用额也可称为碳资产。

013 > 碳审计（Carbon Audit）

碳审计作为环境审计的一部分，简单地说，就是由独立的审计机构对政府和企业在履行碳排放责任方面所进行的检查和鉴证，是对碳排放管理活动及其成果进行独立性监督和评价的一种行为。从宏观上讲，碳审计是检查政府部门等机构能源使用情况；从微观上说，碳审计是为了改善经济组织资源利用的投入产出关系，通过具体能源利用效率的测算，来检查对某项能源的具体开发利用程度，即创造了多少效益，浪费了多少资源。

014 > 碳信用（Carbon Credit）

碳信用又称碳权，是指在经过联合国或联合国认可的减排组织认证的条件下，国家或企业以增加能源使用效率、减少污染或减少开发等方式减少碳排放，因此得到可以进入碳交易市场的碳排放计量单位——碳信用额，1个碳信用额相当于1吨二氧化碳当量。碳信用交易将碳排放量配额作为一种稀缺资源，具备商品属性进行公开交易，是实现碳减排的核心经济手段。

015 > 碳交易（Carbon Trading）

碳交易是为了促进全球温室气体减排，减少全球二氧化碳排放所采用的市场机制。碳交易是一种应对全球气候变暖危机的解决方案，以一定的法律和规则为约束和依据，给碳排放量定价，把它包装成一种资产或者“商品”，建立相应的市场进行交易（买进卖出），以此来控制碳排放，促进温室气体（主要是二氧化碳）减排。《京都议定书》首次提出把市场机制作为解决二氧化碳为代表的温室气体减排问题的新路径，即把二氧化碳排放权作为一种商品，从而形成了二氧化碳排放权的交易，简称碳交易。简而言之，碳交易就是企业间通过一定的机制买卖二氧化碳排放权的交易行为。

016 > 用能权交易（Energy Rights Trade）

用能权是指企业年度直接或间接使用各类能源（包括电力、煤炭、焦炭、蒸汽、天然气等）总量限额的权利，也就是一年内按规定可以消费的能源总量。用能权和用水权、排污权、碳排放权并称为“四权”。用能权交易是指在区域用能总量控制的前提下，纳入用能权交易体系的用能单位从用能权一级市场和二级市场取得、使用和买卖用能权指标的行为。当用能单位的用能权配额不能满足其实际需求时，可以向其他有剩余用能权配额的单位购买一定数量的用能权，通过该交易机制保证用能权配额总量的平衡，并激励节能的用能单位出售用能权配额，获得回报。

017 > 低碳经济（Low Carbon Economy）

低碳经济是指在可持续发展理念的指导下，通过技术创新、制度创新、产业转型、新能源开发等多种手段，尽可能地减少煤炭、石油等高碳能源消耗，减少温室气体排放，达到经济社会发展与生态环境保护双赢的一种经济发展形态。发展低碳经济，一方面是积极承担环境保护责任，完成国家节能降耗指标的要求；另一方面是调整经济结构，提高能源利用效率，发展新兴工业，建设生态文明。特别是从能源消费结构来看，低碳意味着节能，低碳经济就是以低能耗、低污染为基础的经济。低碳经济几乎涵盖了所有产业的领域。著名学者林辉称其为“第五次全球产业浪潮”，并首次把低碳内涵延展为：低碳社会、低碳经济、低碳生产、低碳消费、低碳生活、低碳城市、低碳社区、低碳家庭、低碳旅游、低碳文化、低碳哲学、低碳艺术、低碳音乐、低碳人生、低碳生存主义、低碳生活方式。

018 > 低碳城市（Low Carbon City）

低碳城市是指在经济高速发展的前提下，保持能源消耗和二氧化碳排放处于较低的水平，市民以低碳生活为理念和行为特征，政府公务管理层以低碳社会为建设标本和蓝图的城市。目前，低碳城市已成为世界各地的共同追求，很多国际大都市都以建设发展低碳城市为荣，关注和重视

在经济发展过程中的代价最小化以及人与自然和谐相处、人性的舒缓包容。

019 > 低碳生活（Low Carbon Life）

低碳生活是指在生活中要尽力减少所消耗的能量，特别是二氧化碳排放量，从而实现低碳，减少对大气的污染，减缓生态恶化。低碳生活虽然主要集中于生活领域（如节电、节气和可再生资源回收），主要靠人们自觉转变观念加以践行，但也需要政府营造一个助推的制度环境，包括制订长远战略，出台政策鼓励科技创新等，实施财政补贴、绿色信贷等措施，还需要企业积极跟进，加入发展低碳经济的“集体行动”。实现低碳生活是一项系统工程，需要政府、企事业单位、社区、学校、家庭和个人的共同努力。

020 > 碳捕集、利用与封存（CCUS）技术

碳捕集、利用与封存（Carbon Capture，Utilization and Storage，CCUS）技术，是碳捕获和封存（Carbon Capture and Storage，CCS）技术（下图）新的发展趋势，主要技术是把生产过程中排放的二氧化碳进行提纯，继而投入到新的生产过程中进行循环再利用或封存。与 CCS 技术相比，CCUS 技术可以将二氧化碳资源化，产生经济效益，更具

有操作性，被认为是减少化石能源发电和工业过程中二氧化碳排放的关键技术。

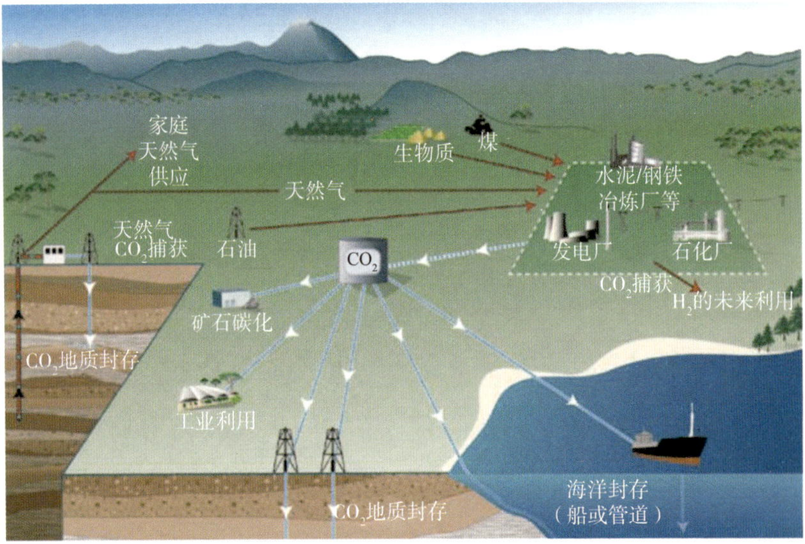

碳捕获和封存

图片来源：《二氧化碳捕获和封存（决策者摘要和技术摘要）》。

第二章

CHAPTER 2

气候变化与低碳发展背景知识

021 > 气候变化观测事实主要有哪些？

自20世纪80年代以来，科学界对气候变化问题的认识不断深化，IPCC已先后发布5次评估报告，每次的报告均比上一次更加肯定人类活动大量排放的二氧化碳、甲烷、氧化亚氮等温室气体的增温效应是造成全球气候变化的主要原因。中国是全球气候变化的敏感区域，受气候变化影响非常显著。自20世纪以来，我国平均升温的幅度明显高于世界平均升温水平。有关中国气候变化的主要观测事实包括：年平均气温升高了0.5～0.8摄氏度，略高于同期全球增温平均值，近50年气候变暖现象尤为明显；年均降水量变化趋势不显著，但区域降水变化波动较大；主要极端天气与气候事件的频率和强度出现了明显变化，特别是华北和东北地区干旱趋重，长江中下游地区和东南地区洪涝加重；近50年来，沿海海平面年平均上升速率为2.5毫米，略高于全球平均水平；山地冰川快速退缩，并有加速的趋势。根据相关预测研究，未来气候变暖趋势还将进一步加剧。

022＞ 气候变化带来的主要影响有哪些？

气候作为人类赖以生存的自然环境的重要组成部分，它的任何变化都会对自然生态系统和社会经济系统产生影响。其主要影响和危害体现在以下几个方面：①导致海平面上升。全球变暖使海洋热膨胀和冰川融化，导致海平面上升，部分地区容易遭受海水倒灌、排洪不畅，造成土地盐渍化、海洋养殖受损等一系列灾害。②加剧极端天气、气候灾害。全球增温可能造成频繁的天气、气候灾害，加剧暴雨洪涝、大范围干旱、荒漠化、持续高温等严重灾害。③影响农业和自然生态系统。全球变暖将会引起温度带北移，降水分布也会随之变化，因而导致农作物的生产布局和自然生态系统发生变化，也可能使各地农作物和自然生态系统无法适应而遭受损害。同时，极端天气气候事件增多会加大农业生产的不稳定性，势必会影响到农业的可持续发展。④给人类健康带来危害。气候条件是限制许多带菌动物分布的主要因素，而天气条件则影响着疾病暴发的时间和严重程度，全球变暖可能导致对气候变化敏感的传染性疾病（如疟疾和登革热）的传播范围不断扩大。另外，气候变化的不稳定性特别是极端气候事件会导致人类死亡率、伤残率及传染病疾病率上升，并增加社会和人类心理上的压力。

023 > 气候变化国际谈判进程是怎样的？

气候变化关系到人类生存与世界各国的发展，唯有通过国际合作才能有效应对。1990 年开始，国际社会在联合国框架下开始了关于应对气候变化国际制度安排的谈判。1992 年达成《联合国气候变化框架公约》（UNFCCC）并于 1994 年生效，形成了在应对全球气候变化问题上进行国际合作的一个基本框架。1997 年通过的《京都议定书》，作为《联合国气候变化框架公约》的补充条款，目标是将大气中的温室气体含量稳定在一个适当的水平，进而防止剧烈的气候改变对人类造成伤害。2015 年通过的《巴黎协定》，成为人类历史上应对气候变化的第三个里程碑式的国际法律文本，形成了全球气候治理新格局，其提出的长期目标是将全球平均气温较前工业化时期上升幅度控制在 2 摄氏度以内，并努力将上升幅度控制在 1.5 摄氏度以内。

专栏1 联合国政府间气候变化专门委员会（IPCC）

联合国政府间气候变化专门委员会（Intergovernmental Panel on Climate Change，IPCC）于1988年11月由世界气象组织（WMO）和联合国环境规划署（UNEP）联合建立。IPCC作为一个向WMO和UNEP所有成员国开放的政府间机构，主要以科学问题为切入点，对全世界范围内现有的与气候变化有关的科学技术和社会经济信息方面的研究成果（基于公开发表的文献）进行评估，并为《联合国气候变化框架公约》提供科学咨询。

IPCC发布的评估报告除了能代表科学最新进展外，还对各国气候变化决策和国际谈判具有重要影响。《第一次评估报告》于1990年发布，促进了政府间的对话，并由此推动了1992年《联合国气候变化框架公约》的制订。《第二次评估报告》于1995年发布，它为1997年通过的《京都议定书》的谈判提供了坚实的科学依据。《第三次评估报告》于2001年发布，报告受到了决策者、科学界的普遍关注，成为UNFCCC中适应和减缓议题谈判的重要依据。《第四次评估报告》于2007年发布，它为“巴厘岛行动计划”的出台发挥了重要作用。IPCC于2014年发布的《第五次评估报告》，为2015年

《巴黎协定》的通过奠定了重要的基础。2018 年 10 月 IPCC 发布的《全球升温 1.5℃特别报告》，展现了全球应对气候变化的紧迫性，凝聚了世界各国对绿色低碳转型的共识和决心。

024 > 我国应对气候变化的措施有哪些？

在习近平新时代中国特色社会主义思想的指导下，大力开展生态文明建设，把应对气候变化与实施可持续发展战略，加快建设资源节约型、环境友好型社会和创新型国家结合起来，纳入国民经济和社会发展规划。我国应对气候变化的措施主要包括以下两个方面：

一是减缓温室气体排放。制定和实施与能源生产和消费相关的法律法规，加强制度创新和机制建设，强化与能源供应行业相关的政策措施，强化重点行业的节能技术开发和推广，进一步落实重点节能工程；大力发展循环经济，走新型工业化道路；强化钢材节约，限制钢铁产品出口；进一步推广散装水泥、鼓励水泥掺废渣；大力开展建筑材料节约；进一步推动乙二酸等生产企业开展清洁发展机制项目等国际合作，积极寻求控制氧化亚氮（N_2O）及氢氟碳化物（HFCs）、全氟化碳（PFCs）和六氟化硫（SF_6）等

温室气体排放所需的资金和技术援助，提高排放的控制水平，以减少各种温室气体的排放；加强农业领域法律法规的制定和实施，强化集约化程度高的地区的生态农业建设，进一步加大技术开发和推广利用力度；改革和完善现有的林业产业政策，抓好林业重点生态建设工程；强化城市废弃物相关法律法规的实施，进一步完善行业标准，加大废

弃物处理的技术开发和利用的力度，发挥产业政策的导向作用，制定促进填埋气体回收利用的激励政策。

二是提高适应气候变化的能力。继续加强农业基础设施建设，推进农业结构和种植制度调整，选育抗逆品种，培育产量潜力高、品质优良、综合抗性突出和适应性广的优良动植物新品种，遏制草地荒漠化加重趋势，加强新技术的研究和开发；制定和实施与适应气候变化相关的法律法规，加强对现有森林资源和其他自然生态系统的有效保护，加大对森林资源和其他自然资源保护的技术开发和推广应用力度；强化水资源管理，加强水利基础设施的规划和建设，加大水资源配置、综合节水和海水利用技术的研发与推广力度；建立健全与海岸带及沿海地区相关的法律法规，加大对海洋环境保护的技术开发和推广应用力度，加强对海洋环境的监测和预警能力，强化应对海平面升高的适应性对策。

025＞ 我国碳达峰和碳中和目标提出的背景是什么？

党的十九大报告作出了“中国特色社会主义进入新时代”的重大判断。首先，我国已进入高质量发展阶段，无论是外部发展环境还是自身发展需求，都要求坚决摒弃不可持续的发展方式，大力推进生态文明建设，走绿色低碳之路。其次，我国社会主要矛盾发生了变化，由人民日益增长的物质文化需要同落后的社会生产力之间的矛盾转化为人民日益增长的美好生活需要和不平衡不充分的发展之间的矛盾。再次，中国正在从经济大国走向经济强国，从被动的接受者变成积极的贡献者、参与者、引领者。最后，我国是全球最大的碳排放国，应对气候变化事关国内国际两个大局，事关发展全局和长远发展，是推动经济高质量发展和生态文明建设的重要抓手，是参与全球治理和坚持多边主义的重要领域。结合新发展理念的时代背景，习近平总书记自 2020 年以来在多个重大国际场合就应对气候变化提出了有力度的目标和愿景，发表了一系列的倡议和看法，这是党中央经过深思熟虑作出的重大战略决策，事关中华民族永续发展和构建人类命运共同体。碳达峰和碳中和目标的提出为我国坚定不移走生态优先、绿色低碳的高质量发展道路指明了前进的方向，也为全球气候治理向前迈进注入了新动能。

026 > 促进低碳转型的主要途径有哪些？

促进低碳转型的主要途径有以下六个方面：一是加快推动能源革命，建设清洁低碳、安全高效的能源体系。充分利用各地资源禀赋，重点建设一批多能互补的清洁能源基地，逐步提升非化石能源比重；发展能源低碳替代途径，

大幅度提高能源利用效率；加强“源网荷储”衔接，提高特高压输电通道利用率，加快抽水蓄能电站的建设和新型储能技术规模化应用；推进智慧能源领域的应用工程，实现多能协同互补、需求智能调控。二是加快推动绿色制造体系建设，推动高耗能产业低碳转型。包括大力提高电能利用比重、加快技术研发与商业化应用、淘汰落后产能设备、提升产业聚集度、推进资源节约与循环利用。三是实现绿色低碳交通方式。包括突破新能源汽车与智能联网汽车的关键技术，在高速公路与中小县城推进充换电设施建设，发展城市公共交通、建设自行车道、步行道等。四是发展绿色建筑，推进建筑节能。包括大力推广绿色建筑，加快新型绿色建材研发应用、推动高性能智能家电的普及应用、推广清洁能源采暖与楼宇节能系统改造。五是提升生态碳汇能力。实施山水林田湖草沙冰系统治理工程，科学开展国土绿化，提升各类生态系统的碳储量和固碳能力。六是开展碳捕集、利用与封存示范项目和基地建设。通过CCUS技术在油气行业的研发和应用，积极推动CCUS技术在典型行业和区域的发展。

027 > 碳金融在我国的形式主要有哪些?

碳金融是随着国际碳交易市场的兴起而进入我国的，在我国发展的时间有限，国内许多企业尚未认识到其蕴藏的巨大商机；同时，国内金融机构对碳金融的价值、操作模式、项目开发、交易规则等尚不熟悉，目前关注碳金融的除少数商业银行外，其他金融机构鲜有涉及。碳金融在我国的形式主要有三类：一是基于绿色信贷活动的碳金融。

如信贷支持新能源产业、循环经济等项目，推动产业升级，实现减排目标。二是基于排放权交易的碳金融。按照《京都议定书》的规定，未完成减排目标的国家向拥有超额配额的国家购买一定数量的配额，以完成自己的减排目标。三是基于直接投融资的碳金融。投资者可以在金融市场上直接参与碳金融产品的买卖，参与者也可以通过碳交易市场的衍生产品进行现货、期货等的买卖。

028 > 为什么要建设碳排放权交易体系？

碳排放权交易体系，简称“碳市场”，是一项基于市场机制来实现温室气体减排的政策工具之一。在碳排放权交易体系下，政府对一个或多个行业的碳排放设定总量控制，即该行业允许排放的温室气体的最大总量水平，并在控排企业（纳入交易体系行业中的企业）中分配可交易的碳排放配额。建设碳市场的目的是全社会以最低的经济成本实现减排目标。基于总量控制和配额交易的方式，减排成本低的企业可以通过出售配额的方式来降低减排成本，通过市场机制的调节最终实现全社会减排成本降低。

029 > 中国能效标识认证分为几个等级？

中国能效标识又称能源效率标识，是指附在耗能产品或其最小包装物上（中国贴有能效标识的商品种类有冰箱、空调器、洗衣机、燃气热水器等），用于表示产品的能源效率等级等性能指标的一种信息标签，它显示了家电产品的能源效率等级，以供消费者判断该产品是否节能。我国的能效标识将能效分为 1、2、3、4、5 共五个等级，等级 1 表示产品达到国际先进水平，最节电，即耗能最低；等级 2 表示比较节电；等级 3 表示产品的能源效率为我国市场的平均水平；等级 4 表示产品能源效率低于市场平均水平；等级 5 是市场准入指标，低于该等级要求的产品不允许生产和销售。

030 > 为什么要推进气候变化投融资建设？

气候变化投融资，简称气候投融资，是指为实现国家自主贡献目标和低碳发展目标，引导和促进更多资金投向应对气候变化领域的投资和融资活动，是绿色金融的重要组成部分。能紧扣国家自主贡献目标和低碳发展目标，推进气候投融资建设，更好地为碳排放强度下降、碳排放达峰、提高非化石能源占比、增加森林蓄积量等目标、政策和行动服务。此外，还能充分发挥市场在气候投融资中的决定性作用，有效发挥金融机构和企业在模式、机制、金融工具等方面的创新主体作用，引导和促进更多资金投向应对气候变化领域。2020 年 10 月，生态环境部等五部门联合印发《关于促进应对气候变化投融资的指导意见》（环气候〔2020〕57 号），要求以实现国家自主贡献目标和低碳发展目标为导向，以政策标准体系为支撑，以模式创新和地方实践为路径，大力推进应对气候变化投融资发展，引导和撬动更多社会资金进入应对气候变化领域，进一步激发潜力、开拓市场，推动形成减缓和适应气候变化的能源结构、产业结构、生产方式和生活方式。

031 > CCUS 技术的发展前景如何？

CCUS 技术作为一种适用于大型碳排放源的减排方案和唯一一个有机会实现负排放的技术手段，对降低全球二氧化碳排放量，以及控制全球气候变暖至关重要。过去十多年来，CCUS 技术的应用范围不断扩大，到 2020 年，全球二氧化碳捕获能力已经达到 4 000 万吨。虽然 CCUS 技术目前还没有完全成熟且运行成本较高，但是与其他减排技术相比，CCUS 技术具有巨大的减排潜力。目前，我国在运行的 CCUS 项目有 21 个，每年捕集的二氧化碳在百万吨量级。其中，中国石油吉林油田 CCS-EOR 项目、中国石油新疆油田 CO_2-EOR 项目等都已成功投入运行。据预测，到 2030 年我国二氧化碳利用封存量将达到 5 000 万吨 /

年，市场规模将突破千亿元。

032 > 什么是合同能源管理制度？

根据《合同能源管理技术通则》（GB/T 24915—2020）的规定，合同能源管理（Energy Performance Contracting，EPC）是节能服务公司与用能单位以契约形式约定节能项目的节能目标，节能服务公司为实现节能目标向用能单位提供必要的服务，用能单位以节能效益、节能服务费或能源托管费支付节能服务公司的投入及其合理利润的节能服务机制。即节能服务公司通过与客户签订节能服务合同，为客户提供包括能源审计、项目设计、项目融资、设备采购、工程施工、设备安装调试、人员培训、节能量确认和保证等一整套的节能服务，并从客户进行节能改造后获得的节能效益中收回投资和取得利润，可以显著降低用能单位节能改造的资金和技术风险，充分调动用能单位节能改造的积极性。在合同期间，节能服务公司与客户分享节能效益，在节能服务公司收回投资并获得合理的利润后，合同结束，全部节能效益和节能设备归客户所有。

合同能源管理，是国际上一种先进的能源管理模式，是节能市场化运作的新机制。合同能源管理制度的主要类型有：①节能效益分享型。节能改造工程前期投入由节能公司支付，用户无须投入资金。项目完成后，用户在一定的合同期内，按比例与公司分享由项目产生的节能效益。具体节能项目的投资额不同，节能效益分配比例和节能项目实施合同年度将有所有不同。②能源费用托管型。用户委托节能服务公司出资进行能源系统的节能改造和运行管理，并按照双方约定将该能源系统的能源费用交节能服务公司管理，系统节约的能源费用归节能服务公司的合同类型。项目合同结束后，节能公司改造的节能设备无偿移交给用户使用，以后所产生的节能收益全归用户。③节能量保证型。用户投资，节能服务公司向用户提供节能服务并承诺保证项目节能效益的合同类型。项目实施完毕，经双方确认达到承诺的节能效益，用户一次性或分次向节能服务公司支付服务费，如达不到承诺的节能效益，差额部分由节能服务公司承担。④融资租赁型。融资公司投资购买节能服务公司的节能设备和服务，并租赁给用户使用，根据协议定期向用户收取租赁费用。节能服务公司负责对用户的能源系统进行改造，并在合同期内对节能量进行测量验证，担保节能效果。项目合同结束后，节能设备由融资公司无偿移交给用户使用，以后所产生的节能收益全归用户。⑤混合型。由以上 4 种基本类型的任意组合形成的合同类型。

第三章

CHAPTER 3

我国有关低碳发展的工作部署

033 > 我国应对气候变化体制机制是如何安排的?

我国于1990年设立了国家气候变化协调小组，1998年设立了国家气候变化对策协调小组，2007年成立了国家应对气候变化领导小组（以下简称领导小组），国家发展和改革委员会具体承担领导小组的日常工作，负责研究制定国家应对气候变化的重大战略、方针和对策，协调解决应对气候变化工作中的重大问题。2008年，在国务院机构改革中，为进一步加强对应对气候变化工作的领导，领导小组成员单位由原来的18个增加到20个，具体工作由国家发展和改革委员会承担，领导小组办公室设在国家发展和改革委员会。2018年，应对气候变化及减排职责划入新组建的生态环境部，在地方划入生态环境厅（局），成立了新的国家应对气候变化及节能减排工作领导小组，强化了与生态环境保护工作的统筹协调。目前，领导小组由李克强总理担任组长，韩正副总理和王毅国务委员担任副组长，成员包括 30 个部委的主要负责同志；生态环境部、国家发展和改革委员会按职责承担领导小组的具体工作；各省、自治区、直辖市及新疆生产建设兵团均成立了以省级政府部门主要负责同志为组长的应对气候变化领导小组，形成了领导小组统一领导、气候变化主管部门归口管理、各部门相互配合、各地方全面参与的工作机制。

034 > 围绕能耗总量和强度“双控”我国采取了哪些措施？

实行能耗总量和强度“双控”行动，主要目的是提高能源利用效率，引导各地区处理好能耗“双控”与经济社会发展的关系，倒逼经济发展方式转变，促进产业结构不断优化升级，实现经济的高质量发展。围绕能耗“双控”，主要采取了以下几个方面的措施：一是落实目标责任。将全国能耗“双控”目标分解到各地区、主要行业和重点用能单位，加强目标责任评价考核。各地区根据国家下达的任务明确年度工作目标并层层分解落实。二是优化产业结构和能源结构。深入实施《中国制造 2025》，深化制造业与互联网融合发展，支持重点行业改造升级，大力淘汰落后产能，加快发展壮大战略性新兴产业。推动能源结构优化，降低煤炭消费比重，提高非化石能源比重。三是加强重点领域节能。实施工业能效赶超行动，加强高能耗行业能耗管控。大力推进建筑节能，发展绿色建筑。加快推进综合交通运输体系建设，着力提高交通运输工具能效水平。加强公共机构节能，降低单位建筑面积能耗和人均能耗。强化重点用能单位节能管理，开展重点用能单位“百千万”行动。四是实施节能重点工程。组织实施燃煤锅炉节能环保综合提升、电机系统能效提升、余热暖民、绿色照明、节能技术装备产业化示范、能量系统优化、煤炭消费减量替代、重点用能单位综合能效提升、合同能源管理推进、城镇化节能升级改造等节能重点工程。五是完善支持政策。加大节能工作资金支持力度，创新支持方式，落实和完善支持节能的税收、价格政策。健全绿色金融体系，支持节能有关产业发展。六是建立和完善节能市场化机制。建立用能权有偿使用和交易制度，选择若干地区开展试点。积极推行合同能源管理模式。健全绿色标识认证体系，开展能效领跑者引领行动。七是强化节能监督检查。健全节能法律法规，健全节能标准体系。加强节能监督检查，查处违法违规用能行为。建立健全节能管理、监察、服务“三位一体”的节能管理体系，加强能力建设，提高节能管理服务水平。八是动员全社会参与节能。倡导绿色生活，推行绿色消费。深入开展全民节能行动，强化宣传引导和社会监督。

035 > 我国建立了怎样的碳排放强度考核制度？

为落实我国二氧化碳排放降低目标，2014 年 5 月，国务院办公厅印发了《2014—2015 年节能减排低碳发展行动方案》，明确要求各省（区、市）要严格控制本地区能源消费增长，严格实施单位国内生产总值二氧化碳排放降低目标责任考核。同年 8 月，国家发展改革委印发《单位国内生产总值二氧化碳排放降低目标责任考核评估办法》（发改气候〔2014〕1828 号），首次将二氧化碳排放强度降低指标完成情况纳入各地区（行业）经济社会发展综合评价体系和干部政绩考核体系，这意味着控制温室气体排放在政府工作中的位置得到了进一步提升，二氧化碳排放强度等约束性指标逐渐成为城市规划、工作方案中以及政府考核中的主要发展目标。将二氧化碳排放降低目标责任考核评估工作与国民经济和社会发展五年规划相对应，五年为一个考核评估期，采用年度考核评估和期末考核评估相结合的方式进行。在考核评估期的每年下半年开展上年度考核，在考核评估期结束后的第二年下半年开展期末考核。考核评估结果是对各省（自治区、直辖市）人民政府领导班子和相关领导干部综合考核评价的重要内容。对考核评估结果为优秀的省级人民政府，国务院予以通报表扬，有关部门在相关项目安排上优先予以考虑。对考核评估结果为不合格的省级人民政府，要在考核评估结果公告后一个月内，向国务院作出书面报告，提出限期整改措施，并抄送国家发展改革委；对在考核评估工作中瞒报、谎报情况的地区，予以通报批评；对因失职、渎职等整改不到位造成严重后果的，移交监察机关依法依纪追究该地区有关责任人员的责任。

036 > 有关碳达峰和碳中和的决策部署有哪些？

2020 年 9 月 22 日，国家主席习近平在第七十五届联合国大会一般性辩论上向世界宣布了中国的碳达峰目标与碳中和愿景，此后多次在国际重大场合阐述强调。党的十九届五中全会明确提出，降低碳排放强度，支持有条件的地方率先达到碳排放峰值，制定 2030 年前碳排放达峰行动方案。同年 12 月，习近平总书记在中央经济工作会议上发表重要讲话，首次将“碳达峰、碳中和”列入重点任务，明确要加快调整优化产业结构、能源结构，推动煤炭消费尽早达峰，大力发展新能源，加快建设全国用能权、碳排放权交易市场，完善能源消费双控制度。2021 年 3 月，《2021 年国务院政府工作报告》重点工作安排中强调要扎实做好碳达峰、碳中和各项工作。中央财经委员会第九次会议要求把碳达峰、碳中和纳入生态文明建设整体布局，拿出抓铁有痕的劲头，如期实现2030年前碳达峰、2060年前碳中和的目标。同年5月，中共中央政治局第二十九次集体学习要求各级党委和政府要拿出抓铁有痕、踏石留印的劲头，明确时间表、路线图、施工图，推动经济社会发展建立在资源高效利用和绿色低碳发展的基础之上。在碳达峰碳中和工作领导小组第一次全体会议上，中共中央政治局常委、国务院副总理韩正强调要紧扣目标分解任务，加强顶层设计，指导和督促地方及重点领域、行业、企业科学设置目标、制定行动方案。

037 > 如何建立健全绿色低碳循环发展经济体系？

建立健全绿色低碳循环发展经济体系，促进经济社会发展全面绿色转型，是解决我国资源环境生态问题的基础之策。2021年2月，国务院印发了《国务院关于加快建立健全绿色低碳循环发展经济体系的指导意见》（国发〔2021〕4号），首次从全局高度对建立健全绿色低碳循环发展的经济体系作出顶层设计和总体部署：一是健全绿色低碳循环发展的生产体系。推进工业绿色升级，加快农业绿色发展，提高服务业绿色发展水平，壮大绿色环保产业，提升产业园区和产业集群循环化水平，构建绿色供应链。二是健全绿色低碳循环发展的流通体系。积极调整运输结

设计者：刘贞

构，加强物流运输组织管理，推广绿色低碳运输工具，加强再生资源回收利用，建立绿色贸易体系。三是健全绿色低碳循环发展的消费体系。促进绿色产品消费，倡导绿色低碳生活方式，坚决制止餐饮浪费，因地制宜推进生活垃圾分类和减量化、资源化，推进塑料污染全链条治理。四是加快基础设施绿色升级。推动能源体系绿色低碳转型，完善能源消费总量和强度双控制度，推进城镇环境基础设施建设升级，提升交通基础设施绿色发展水平，改善城乡人居环境。五是构建市场导向的绿色技术创新体系。鼓励绿色低碳技术研发，加速科技成果转化。六是完善法律法规政策体系。强化法律法规支撑，健全绿色收费价格机制，加大财税扶持力度，大力发展绿色金融，完善绿色标准、绿色认证体系和统计监测制度，培育绿色交易市场机制。

038 > 针对限制"两高"项目准入提出了哪些要求？

"两高"是指高耗能、高排放。坚决遏制"两高"项目盲目发展是推动经济社会发展全面绿色转型的必要举措。2021年以来，中央有关部门已明确表示，要加大对"两高"项目的管控力度。全国生态环境保护工作会议提出，要从严从紧从实控制"两高"项目上马。2021年5月31日，生态环境部印发了《关于加强高耗能、高排放建设项目生态环境源头防控的指导意见》（环环评〔2021〕45号），明确了加强生态环境分区管控和规划约束、严格"两高"项目环评审批、推进"两高"行业减污降碳协同控制等方面的任务。要求严把建设项目环境准入关，新建、改建、扩建"两高"项目须符合生态环境保护法律法规和相关法定规划，满足重点污染物排放总量控制、碳排放达峰目标、生态环境准入清单、相关规划环评和相应行业建设项目环境准入条件、环评文件审批原则要求。石化、现代煤化工项目应纳入国家产业规划。新建、扩建石化、化工、焦化、有色金属冶炼、平板玻璃项目应布设在依法合规设立并经规划环评的产业园区；各级生态环境部门和行政审批部门要严格把关，对于不符合相关法律法规的，依法不予审批。在“两高”项目环评中，率先开展碳排放影响评价试点。国家发展改革委也表示，要进一步强化能源消耗和强度“双控”目标责任评价考核，坚决遏制“两高”项目盲目发展。

039 > 如何将碳排放纳入环境影响评价体系？

2021 年 5 月 31 日，生态环境部印发了《关于加强高耗能、高排放建设项目生态环境源头防控的指导意见》，明确提出将碳排放影响评价纳入环境影响评价体系，各级生态环境部门和行政审批部门应积极推进“两高”项目环评开展试点工作，衔接落实有关区域和行业碳达峰行动方案、清洁能源替代、清洁运输、煤炭消费总量控制等政策要求；在环评工作中，统筹开展污染物和碳排放的源项识别、源强核算、减污降碳措施可行性论证及方案比选，提出协同控制最优方案。鼓励有条件的地区、企业探索实施减污降碳协同治理和碳捕集、封存、综合利用工程试点、示范。

040 > 提升生态碳汇能力可以从哪些方面着手?

中央财经委员会第九次会议指出“十四五”是碳达峰的关键期、窗口期，要提升生态碳汇能力，强化国土空间规划和用途管控，有效发挥森林、草原、湿地、海洋、土壤、冻土的固碳作用，提升生态系统碳汇增量。相关措施主要有以下三个方面：一是加快推进生态保护和修复重大工程。深入落实《全国重要生态系统保护和修复重大工程总体规划（2021—2035 年）》，统筹考虑生态系统的完整性、地理单元的连续性和经济社会发展的可持续性，优化国土空间布局，完善重大工程投入机制，实现生态系统固碳效能的最大化。二是科学推进大规模国土绿化行动。充分利用坡地、荒地、废弃矿山等国土空间开展绿化，努力增加森林、草原等植被资源总量；坚持数量与质量并重，在增加总量的同时，更要注重质量，实行集约经营、可持续经营，努力提高森林等生态系统的综合效益和整体功能。三是加强提升生态碳汇能力的科学研究与技术开发。加强数据资源共享，完善生态系统碳排放计量方法和手段，建立国家水平的碳排放计量体系；加强生态系统定位观测与环境监测，提高响应气候变化的预测预警和应急应对能力；定量评估森林、草原、湿地、海洋、土壤、冻土等生态系统活动在减排增汇中的作用，为有效管理生态碳汇提供科学依据。

041 > 针对碳排放权交易市场有哪些工作安排？

碳市场被视为利用市场机制应对气候变化的风向标。2011 年 10 月，我国启动了碳排放权交易试点工作，国家发改委印发了《关于开展碳排放权交易试点工作的通知》（发改办气候〔2011〕2601 号），同意北京市、天津市、上海市、重庆市、湖北省、广东省及深圳市开展碳排放权交易试点。为了进一步推进全国碳市场建设，国家主管部门先后制定了《碳排放权交易管理暂行办法》（2014 年）、《全国碳排放权交易配额总量设定与分配方案》（2016 年）和《全国碳排放权交易市场建设方案（发电行业）》（2017 年）等全国碳市场建设政策文件，陆续发布了 24 个行业企业的温室气体核算方法与报告指南和 10 个行业企业碳排放核算国家标准，在全国范围组织开展了对电力等 8 个行业的 7 000 余家重点排放单位的历史碳排放数据核算、报告与核查工作。2017 年，全国碳排放权交易市场启动，各省（区、市）逐步开展重点排放企业名单制订、企业温室气体排放数据报告报送、第三方核查等工作。2020 年，生态环境部发布《碳排放权交易管理办法（试行）》，并配套印发了《2019—2020年全国碳排放权交易配额总量设定与分配实施方案（发电行业）》和《纳入2019—2020年全国碳排放权交易配额管理的重点排放单位名单》，这意味着自2021年1月1日起，全国碳市场发电行业第一个履约周期正式启动。为进一步规范全国碳排放权登记、交易、结算活动，保护全国碳排放权交易市场各参与方合法权益，生态环境部根据《碳排放权交易管理办法（试行）》，组织制定了《碳排放权登记管理规则（试行）》《碳排放权交易管理规则（试行）》和《碳排放权结算管理规则（试行）》。“十四五”时期，还将推动出台《碳排放权交易管理暂行条例》，加快推进全国碳排放交易权市场建设和运行，完善核算报告、配额分配注册登记、交易结算等配套制度，扩大碳市场参与的行业范围和交易主体范围，逐步增加交易品种。

主要国家碳交易市场的最新进展见下表。

主要国家/地区碳交易市场最新进展

国家/地区	碳交易市场最新进展
英国	由于英国已完成脱欧，英国将从2021年1月1日起不再参与欧盟碳排放交易体系（EU-ETS），而建立英国碳排放交易体系（UK-ETS）继续履行减排政策工具职能，为2050年实现“净零排放”这一目标服务。UK-ETS的覆盖范围与EU-ETS基本一致，2021年的排放限额预计将设置在1.55亿吨，约为EU-ETS的10%，同时将引入15英镑/吨的配额拍卖最低限价

续表

国家 / 地区	碳交易市场最新进展
欧盟	在欧盟碳排放交易体系中，市场稳定储备（MSR）自 2019 年 1 月 1 日起生效。作为欧盟《绿色新政》的一部分，为实现 2050 年碳中和的承诺，欧盟委员会在 2021 年 6 月前审查所有与气候相关的政策文件，并在必要时提出修改建议。现行欧盟碳排放交易体系将接受审查，并有可能将覆盖范围拓展到新的领域
德国	德国为循序渐进建立国内碳交易体系，2021—2025 年配额将以固定价格交易，并计划从 2021 年的 25 欧元 / 吨二氧化碳当量（27 美元 / 吨二氧化碳当量）开始上涨至 2025 年的 55 欧元 / 吨二氧化碳当量（60 美元 / 吨二氧化碳当量）
韩国	韩国于 2019 年 5 月公布了配额抵质押方面的规定，以提高其碳市场的流动性，并限制了总的借贷活动水平，实施改革措施包括更严格的碳排放交易上限，以及 40%～70% 的基准提升。拍卖额度也将从 3% 增加到至少 10%，以改进碳排放交易体系立法，明确和简化免费配额管理，重申只有纳入碳排放交易体系的实体和指定金融机构才能参与韩国碳排放交易体系
新西兰	新西兰计划 2021—2030 年每年至少减少 1% 的免费配额，2031—2040 年每年减少 2%，2041—2050 年每年减少 3%。在减排单位方面，将用等量的“新西兰减排单位”（NZUs）取代“新西兰签发配额减排单位”（AAUs）。化肥产生的温室气体排放可能会在加工层面被纳入新西兰碳排放交易体系，畜禽养殖行业将可能和农业领域一起，被纳入一个农场层面的单独定价机制

续表

国家 / 地区	碳交易市场最新进展
美国	美国交通与气候倡议辖区正在为区域碳排放交易体系制定最低储备价格、成本控制储备（CCR）机制和排放抑制储备（ECR）机制，宾夕法尼亚州计划最早在 2022 年前与区域温室气体倡议（RGGI）建立链接，纽约市还考虑为建筑行业单独设立碳排放交易系统
墨西哥	2019 年墨西哥启动碳排放交易系统试点，标志着拉丁美洲首个碳排放交易体系的出现，可覆盖墨西哥全国碳排放总量的 37%

042 > 针对 CCUS 技术我国提出了哪些指导意见？

《“十二五”控制温室气体排放工作方案》首次提出，在火电、煤化工、水泥和钢铁行业中开展碳捕集试验项目，建设二氧化碳捕集、驱油、封存一体化示范工程；并对加强人才队伍建设、落实资金保障等方面做出安排。国家还发布了《国家发展改革委关于推动碳捕集、利用和封存试验示范的通知》（发改气候〔2013〕849 号）、《工业领域应对气候变化行动方案（2012—2020 年）》《“十二五”国家碳捕集利用与封存科技发展专项规划》，鼓励在煤化工、油气等行业开展针对高纯度二氧化碳排放源进行捕集的示范项目，要求在化工、水泥、钢铁等行业实施碳捕集、利用与封存一体化示范工程，加快推进拥有自主知识产权的 CCUS 技术的示范应用，明确CCUS技术优化发展方向包括以下几个方面：大规模、低能耗二氧化碳分离与捕集技术；安全高效二氧化碳输送工程技术；大规模、低成本二氧化碳利用技术；安全可靠的二氧化碳封存技术；大规模二氧化碳捕集、利用与封存技术集成与示范。同时，针对CCUS示范项目时间跨度长、涉及范围广、技术类型多、环境风险差异大，以及环境监管基础能力相对薄弱等问题，原环境保护部先后在2013年和2016年发布的《关于加强碳捕集、利用和封存试验示范项目环境保护工作的通知》（环办〔2013〕101号）、《关于发布〈二氧化碳捕集、利用与封存环境风险评估技术指南（试行）〉的通知》（环办科技〔2016〕64号）中明确了以下主要任务：对CCUS示范项目要加强环境影响评价；积极推进环境影响监测；探索建立环境风险防控体系；推动环境标准规范制定；加强基础研究和技术示范；加强能力建设和国际合作。

043 > 如何推进生活垃圾分类精细化管理？

2017年3月，国务院办公厅发布《国务院办公厅关于转发国家发展改革委　住房城乡建设部生活垃圾分类制度实施方案的通知》（国办发〔2017〕26号），明确遵循减量化、资源化、无害化的原则，实施生活垃圾分类。加快建立分类投放、分类收集、分类运输、分类处理的垃圾处理系统，形成以法治为基础、政府推动、全民参与、城乡统筹、因地制宜的垃圾分类制度。明确在重点城市的城区范围内先行实施生活垃圾强制分类，实施的主体范围是党政机关等公共机构和宾馆、饭店、购物中心等相关企业，要求结合本地实际细化垃圾分类类别、品种、投放、收运、处置等方面要求。随后，《关于推进党政机关等公共机构生活垃圾分类工作的通知》（国管节能〔2017〕180号）和《住房城乡建设部关于加快推进部分重点城市生活垃圾分类工作的通知》（建城〔2017〕253号）相继发布，加快推进了党政机关及重点城市的生活垃圾分类工作。2019年10月国家市场监督管理总局、中国国家标准化管理委员会发布《生活垃圾分类标志》（GB/T 19095—2019），主要对生活垃圾分类标志的适用范围、类别构成以及部分图形符号进行了修改。《“十四五”城镇生活垃圾分类和处理设施发展规划》突出了生活垃圾分类收集、转运能力要求，推动垃圾分类收集、转运能力基本满足地级及以上城市生活垃圾分类收集、分类转运、分类处理的需求，明确到2025年年底，直辖市、省会城市和计划单列市等46个重点城市生活垃圾分类和处理能力进一步提升，地级城市因地制宜基本建成生活垃圾分类和处理系统。京津冀及周边、长三角、粤港澳大湾区、长江经济带、黄河流域、生态文明试验区具备条件的县城基本建成生活垃圾分类和处理系统，鼓励其他地区积极提升垃圾分类和处理设施覆盖水平。

044 > 如何推进污染物与温室气体协同减排？

二氧化碳等温室气体排放与常规污染物排放具有同根、同源、同过程的特点，降碳与减污之间可以产生很好的协同效应，2030 年前二氧化碳排放达到峰值可以为 2035 年实现“生态环境根本好转”奠定坚实基础。习近平总书记在中共中央政治局第二十九次集体学习时强调，“十四五”时期，我国生态文明建设进入了以降碳为重点战略方向、推动减污降碳协同增效、促进经济社会发展全面绿色转型、实现生态环境质量改善由量变到质变的关键时期。在政策设计层面，要提高国家、地方、企业等层面对协同管控重要性的认识，加强对协同效应评估方法研究，加快出台有利于协同管控的各项政策、标准、法规，构建协调一致的统计、报告、核查体系，对相关政策进行成本效用分析，推动相关政策落地实施。在终端路径层面，能源部门可通过淘汰小型低效的火电机组，新建大型火电机组以持续降低发电煤耗，从而提升发电效率；也可以通过提高可再生能源的发电比例，降低煤炭发电的占比，优化发电结构；交通部门协同减排温室气体和空气污染物的措施主要包括：能效的提升、交通出行模式的转变、建设紧凑的城市形态和完善的交通基础设施等。工业部门协同减排温室气体和空气污染物的措施主要包括：利用新工艺和新技术提高能源效率、降低碳强度、减少产品需求、提高物料利用率和回收率等；居民部门可采取改进炉灶，改用更清洁的燃料，改用更高效、更安全的照明技术等协同控制温室气体排放和改善室内空气污染问题。

045 > 新时代的能源安全新战略是什么？

新时代的中国能源发展，贯彻“四个革命、一个合作”

能源安全新战略[①]。“四个革命”包括：①推动能源消费革命，抑制不合理能源消费。坚持节能优先方针，完善能源消费总量管理，强化能耗强度控制，把节能贯穿于经济社会发展全过程和各领域；坚定调整产业结构，高度重视城镇化节能，推动形成绿色低碳交通运输体系。在全社会倡导勤俭节约的消费观，培育节约能源和使用绿色能源的生产生活方式，加快形成能源节约型社会。②推动能源供给革命，建立多元供应体系。坚持绿色发展导向，大力推进化石能源清洁高效利用，优先发展可再生能源，安全有序发展核电，加快提升非化石能源在能源供应中的比重。大力提升油气勘探开发力度，推动油气增储上产。推进煤、电、油、气产供储销体系建设，完善能源输送网络和储存设施，健全能源储运和调峰应急体系，不断提升能源供应的质量和安全保障能力。③推动能源技术革命，带动产业升级。深入实施创新驱动发展战略，构建绿色能源技术创新体系，全面提升能源科技和装备水平。加强能源领域基础研究以及共性技术、颠覆性技术创新，强化原始创新和集成创新。着力推动数字化、大数据、人工智能技术与能源清洁高效开发利用技术的融合创新，大力发展智慧能源技术，把能源技术及其关联产业培育成带动产业升级的新

---

① 《新时代的中国能源发展》白皮书。

增长点。④推动能源体制革命，打通能源发展快车道。坚定不移推进能源领域市场化改革，还原能源商品属性，形成统一开放、竞争有序的能源市场。推进能源价格改革，形成主要由市场决定能源价格的机制。健全能源法治体系，创新能源科学管理模式，推进“放管服”改革，加强规划和政策引导，健全行业监管体系。“一个合作”是指全方位加强国际合作，实现开放条件下能源安全。坚持互利共赢、平等互惠原则，全面扩大开放，积极融入世界。推动共建“一带一路”能源绿色可持续发展，促进能源基础设施互联互通。积极参与全球能源治理，加强能源领域国际交流合作，畅通能源国际贸易、促进能源投资便利化，共同构建能源国际合作新格局，维护全球能源市场稳定和共同安全。

第四章

CHAPTER 4

国内外低碳发展的经验和启示

046 > 有哪些国家已经实现了碳达峰？

联合国政府间气候变化专门委员会（IPCC）测算，若想要实现《巴黎协定》中确定的将全球平均气温较前工业化时期上升幅度控制在2摄氏度以内的长期目标，全球必须在2050年达到二氧化碳净零排放（又称“碳中和”），即企业或机构通过植树等方式抵消其碳排放量；在2067年达到温室气体净零排放，即除二氧化碳以外，企业或机构还应通过植树等方式来抵消甲烷等温室气体排放量。目前，全球已经有54个国家的碳排放实现达峰，占全球碳排放总量的40%。1990年、2000年、2010年和2020年碳达峰国家的数量分别为18个、31个、50个和54个，其中大部分属于发达国家。这些国家占当时全球碳排放量的比例分别为21%、18%、36%和40%。2020年，排名前15位的碳排放国家中，美国、俄罗斯、日本、巴西、印度尼西亚、德国、加拿大、韩国、英国和法国已经实现碳达峰。中国、马绍尔群岛、墨西哥、新加坡等国家承诺在2030年以前实现碳达峰。届时全球将有58个国家实现碳达峰，占全球碳排放总量的60%[①]。

047 > 主要经济体碳达峰的实践经验有哪些？

碳达峰是经济社会发展成熟阶段的一项重要指标，其目标实现路径主要依赖能源结构改善、经济结构调整等方面的综合作用。从主要经济体碳达峰特征来看，石油危机、政治危机、金融危机等数次“黑天鹅”事件，是世界主要经济体实现碳达峰的重要驱动力。1973年，中东地区爆发战争引发第一次石油危机，英国、法国、德国和比利时等西欧国家遭受的打击最大，最早实现碳达峰；1979年第二次石油危机爆发，瑞典和匈牙利等国家开始加大对天然气的开发与利用，在1980年前后实现碳达峰；20世纪80年代中后期发生的“东欧剧变”，是捷克、斯洛伐克、波兰、保加利亚和罗马尼亚实现碳达峰的主要推手；2008年蔓延全球的金融危机，对世界两大经济体美国和日本实现碳达峰有较大影响；巴西则是在2014—2015年大宗商品危机与雷亚尔迅速贬值等多重因素的综合作用下实现了碳达峰。

① 走进碳达峰碳中和丨碳达峰——世界各国在行动，https://www.sohu.com/a/44563820_100188001。

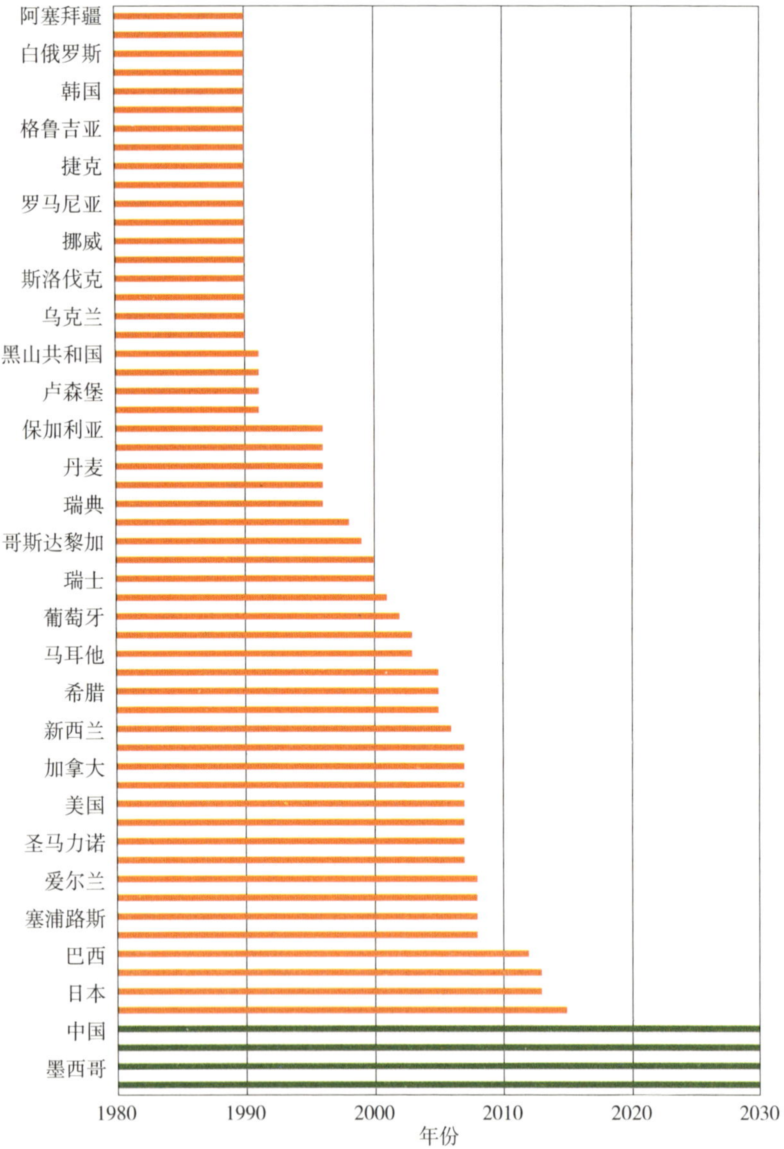

世界主要国家碳达峰时间

数据来源：经济合作与发展组织（OECD）。

相比而言，北欧的丹麦、芬兰和挪威等国家的碳达峰在很大程度上得益于可再生能源发展、能源系统低碳转型等政策措施的贯彻落实。

从欧洲国家碳达峰的实践经验来看，绝大多数欧洲国家为全球其他国家提供了低碳转型发展的典型样本。其低碳实践经验主要呈现以下特征：一是夯实政治生态的绿色基础。绿色政党兴起于西欧后工业时期，近年来对欧盟及各成员国的影响力迅速攀升，在2019年欧洲议会选举中，绿色政党共赢得55个议员席位，达到自身历史高位；同时，绿色政党在欧盟成员国中接连迈入政治中心，如芬兰“绿色联盟”政党在2019年新一届政府中成为联合执政党，法国“欧洲生态—绿党”在2020年法国市政选举中成为最大赢家。二是积极推动气候相关立法工作。英国在2008年通过了《气候变化法案》，成为全球第一个确定温室气体减排目标法案的国家；瑞典、丹麦、德国、法国、西班牙和匈牙利也分别通过立法确定了2050年前后碳中和目标。三是锚定重点领域加速低碳转型。电力部门大幅提高非化石能源使用比重，交通部门通过发展生物燃料替代和纯电动汽车加速低碳化，建筑领域能效加紧提升，在确保产业安全的前提下推动工业领域向清洁生产和循环经济转型。

048 > 有哪些国家将碳中和目标纳入国家战略?

截至目前，已有 132 个国家通过政策宣示、法律规定或提交联合国等不同方式承诺 21 世纪中叶前实现碳中和目标。不丹和苏里南已经实现了碳中和，但他们的产业结构过于简单，参考价值不大。现阶段发达国家中还未有实现碳中和的案例，但大多数国家都展示了绿色低碳转型的决心以及发布了相应的时间表。欧盟长期走在绿色低碳发展的前列，并于 2019 年 12 月推出《欧洲绿色新政》作为引领欧盟未来发展的关键指导性文件，力保 2050 年实现碳中和。挪威、芬兰和冰岛分别将 2030 年、2035 年和 2040 年设定为实现碳中和目标年。德国、瑞典、丹麦、法国、西班牙和匈牙利均已通过立法的形式确定 2050 年前后碳中和目标。另外，继中国提出要在 2030 年前实现碳达峰、2060 年前实现碳中和的目标之后，日本、韩国、加拿大等国也纷纷跟进，相继公布了本国的碳中和目标实现时间表，均计划在 2050 年实现碳中和（下表）。总结相关国家发布的碳中和发展路径图，主要包括以下方面：①坚持以碳达峰、碳中和为目标引领，尽快健全和完善有中国特色的气候治理体系；②加快气候立法，构筑实现碳达峰目标和碳中和愿景的法律基础；③以能源转型为重点，抓住关键领域，加紧出台重点行业碳达峰专项方案；④科学研判形势，秉承因地制宜原则编制达峰行动方案，鼓励有条件的地区率先达峰；⑤创新资金机制，充分发挥气候投融资作用；⑥系统治理山水林田湖草沙冰、提升生态系统碳汇能力，加强碳捕集、封存与利用技术研究，做好负碳排放技术工程示范。

相关国家 / 地区发布的碳中和实现时间表

国家 / 地区	目标时间	承诺性质	具体内容
中国	2060 年	政策宣示	二氧化碳排放力争 2030 年前达到峰值，力争 2060 年前实现碳中和
奥地利	2040 年	政策宣示	2030 年实现 100% 清洁电力，2040 年实现气候中立
加拿大	2050 年	政策宣示	2050 年实现净零碳排放目标，并制定具有法律约束力的 5 年 1 次的碳预算
智利	2050 年	政策宣示	2024 年前关闭 28 座火力发电厂中的 8 座，并在 2040 年前逐步淘汰火力发电；2050 年实现碳中和
哥斯达黎加	2050 年	提交联合国	2050 年二氧化碳净排放量为零
丹麦	2050 年	法律规定	2030 年起禁止销售新的汽油和柴油车，支持电动车；2050 年建立“气候中性社会”

续表

国家 / 地区	目标时间	承诺性质	具体内容
欧盟	2050 年	提交联合国	2050 年实现净零碳排放目标
斐济	2050 年	提交联合国	2050 年在所有经济部门实现净零碳排放
冰岛	2040 年	政策宣示	冰岛已经从地热和水力发电获得了几乎无碳的电力和供暖，未来的战略重点是逐步淘汰运输业的化石燃料、植树和恢复湿地
爱尔兰	2050 年	执政党 联盟决议	2050 年实现净零碳排放目标，在未来 10 年内每年减排 7%
新西兰	2050 年	法律规定	2050 年生物甲烷将在 2017 年的基础上减少 24%～47%
斯洛伐克	2050 年	提交联合国	2050 年实现“气候中和”
韩国	2050 年	政策宣示	2050 年前使经济脱碳，并结束煤炭融资
瑞典	2045 年	法律规定	2045 年实现碳中和
芬兰	2035 年	执政党 联盟决议	限制工业伐木，并逐步停止燃烧泥碳发电
法国	2050 年	法律规定	2050 年实现碳中和目标
德国	2050 年	法律规定	2050 年前追求温室气体中立
匈牙利	2050 年	法律规定	2050 年实现气候中和

续表

国家 / 地区	目标时间	承诺性质	具体内容
日本	2050 年	政策宣示	2050 年实现碳中和目标，并将碳排放量减少 80%
马绍尔群岛	2050 年	自主减排承诺	2050 年实现净零碳排放的愿望
挪威	2030 年	政策宣示	2030 年在国内实现碳中和
葡萄牙	2050 年	政策宣示	2050 年实现净零碳排放目标
新加坡	21 世纪后半叶	提交联合国	2040 年内，内燃机车将逐步淘汰
南非	2050 年	政策宣示	2050 年成为净零碳排放经济体
西班牙	2050 年	法律草案	立即禁止新的煤炭、石油和天然气勘探许可证
瑞士	2050 年	政策宣示	2050 年前实现净零碳排放
英国	2050 年	法律规定	2050 年实现净零碳排放目标
乌拉圭	2030 年	自主减排承诺	2030 年成为净碳汇国

049 > 低碳城市建设有哪些经验可以参考？

低碳城市建设有三大重点领域：①交通领域。以伦敦为例，降低地面交通运输的排放。引进碳价格制度，向进入市中心的车辆征收费用。②建设领域。以丹麦为例，丹

设计者：包布和

麦 Beder 的太阳风社区是由居民自发组织起来建设的公共住宅社区，该社区最大的特点就是公共住宅的设计和可再生能源的利用。③生产领域。以瑞典为例，地方政府最常用的政策是垃圾差别化收集税和绿色采购计划。国外低碳城市建设的经验和启示主要有以下五个方面：一是明确的纲领和行动计划。如伦敦发布《市长应对气候变化的行动计划》，计划成立应对气候变化的科技研发和金融中心；纽约市政府公布《策划纽约》的计划详情，决心成为应对全球气候变化的先锋。二是全方位的规划设计。重视产业结构的低碳化改造；倡导绿色建筑，设定节能标准；重视交通规划，在城市规划阶段采取预留公交、自行车空间；合理设计供水、排水、垃圾处理等基础设施；通过植树造林增加碳汇。三是量化的减排目标。如伦敦决心到 2025 年，温室气体排放在 1990 年的基础上至少降低 68%；纽约计划到 2030 年，温室气体排放在 2005 年的基础上减少 30%。四是“三位一体”的治理结构。低碳城市发展依赖于制度层面的变革，应发挥政府、企业、社会公众三类主体的作用，打造主要领域标杆性项目。五是保护环境和发展经济的共赢。伦敦和纽约应对气候变化的经验说明，出台合理的应对气候变化的政策措施不但不会妨碍经济发展，还能带动新兴产业的异军突起，增加就业，推动经济发展。

专栏2 国外典型低碳城市（伦敦、东京）的探索

伦敦低碳城市建设采取的措施主要有：①帮助企业减少碳排放。帮助企业提高减碳的意识，并提供减碳措施的信息。鼓励所有企业的新投资都要向低碳一体化过渡。②绿色交通。通过引进碳价格制度，征收二氧化碳税，根据二氧化碳排放水平，向进入市中心的车辆征收费用等，来降低地面交通运输的碳排放，同时大力发展电动汽车，将伦敦打造成为欧洲电动汽车的第一城市。③绿色建筑。改善现有和新建建筑的能源效益。推行“绿色家居计划”，向伦敦市民提供家庭节能咨询服务；要求新发展计划优先采用可再生能源。④智能电网。推行智能电网，发展低碳及分散的能源供应。在伦敦市内发展冷热电联供系统，发展小型可再生能源装置（风能和太阳能）等，代替部分由国家电网集中供应的电力，从而减少因长距离输电导致的损耗。⑤绿色政府采购。市政府严格执行绿色政府采购政策，采用低碳技术和服务，鼓励养成节能习惯。

低碳东京的基本政策主要包括以下四个方面：①资助私人企业减排。推行限额贸易系统(cap and trade system)为企业提供多种减排工具，成立基金

资助中小企业采用节能技术。②家庭减排。以家庭为单位实现二氧化碳减排，以低碳生活方式减少照明及燃料开支，大力提倡使用节能灯照明，要求居民放弃浪费电力的钨丝灯泡，与家装公司合作，提醒客户在翻新住房时采取节能措施，加装隔热窗户。③建筑减排。新建建筑物中的设施需符合节能规定，要求新建建筑物的节能表现必须高于国家目前的法定标准。④交通减排。制定有利于推广使用省油汽车的规则。

专栏 3 城市气候领导联盟

2005 年 10 月，在伦敦市长肯·利文斯通（Ken Livingstone）等政要的倡议下，成立城市气候领导联盟，18 个世界一线城市的代表在伦敦集会，会上承诺通过彼此的协作来应对全球变暖和气候变化。此后，该组织成员逐步扩充到 40 个世界级大城市，简称 C40。C40 是一个旨在加强国际城市合作，共同应对全球气候变化，探索城市低碳发展的国际公益性组织。2006 年 8 月，美国前总统克林顿和利文斯通宣布，“克林顿气候行动”（CCI）与 C40 建立合作关系，CCI 为 C40 城市提供清洁交通、可再生资源、废弃物管理等领域的专业技术支持，提高大城市的能源效率，鼓励 C40 联盟成员参与 CCI 的减排项目，减少碳排放。2007 年 5 月，第二届 C40 城市气候领导联盟市长峰会在纽约举行，主要议题是帮助各个城市设定应对气候变化的行动计划。第三届 C40 世界大城市气候变化峰会于 2009 年 5 月在韩国首尔举行，与会代表通过了标志气候变化应对新方向的《首尔宣言》，量化减排目标，履行气候变化行动计划。

050 > 低碳工业园区建设有哪些经验可以参考？

低碳工业园区是构建创新能力强、品质服务优、协助紧密、环境友好的现代产业体系的重要载体。国外低碳工业园区建设的重点在于选择主导产业、完善相关政策法规体系、基础设施建设、城市与低碳产业发展融合等方面，如英国 Humber 工业聚集区计划通过大规模能源和碳捕集基础设施建设来实现净零碳排放发展目标；国内大部分工业园区均属于产业基地的重要组成部分，地处新城区，规划方向明确，有多项政策支持，如苏州工业园区在绿色低碳、循环经济发展方面均取得了良好效果。有关国内外低碳工业园区建设的经验和启示主要体现在以下四个方面：一是科学布局园区主导产业。统筹考虑企业间循环经济模式，城市与低碳产业间的融合模式，将生产、生活、生态三大功能有机整合。二是加强组织领导，落实政策保障。设立专门的工作领导小组，全面统筹协调园区低碳改造中的重大问题；制定入园、退园碳排放相关机制；设立低碳园区试点专项资金，重点在应用示范、产业培育、人才引进方面给予全力支持。三是保障人才、技术支撑。依托园区的特色产业，选取重点行业有针对性地开展低碳技术和低碳产品的推广活动；积极引进国内外的领军企业、高端人才、科研机构，加强本地职业院校低碳领域学科建设，培养相关专业人才。四是提高碳管理能力，升级园区管理模式。推进“政、产、学”一体化园区管理和运作模式，推动企业与研究机构、政府之间进行强有力的合作；建设碳排放信息管理平台，对园区碳管理工作进行信息化支撑，提高园区的碳管理效率。

专栏4 英国 Humber 工业聚集区零碳发展经验

英国 Humber 工业聚集区是英国最大的工业排放源，主要包括钢铁、水泥、化工和石油炼制等重工业，贡献英国超过 2% 的温室气体排放量。英国政府计划在 2040 年将其打造成世界上第一个净零碳工业聚集区，如下图所示，项目主要涵盖三类基础设施建设来减少其碳排放量。一是海上风电项目。当前正在聚集区海岸线附近建设世界上最大的海上风电项目——Hornsea One，设计装机容量为 2.6 吉瓦[①]。在实际投入运行后，无法并网的电量将用于电解水制氢，预计每年将为 5 万户家庭提供能源。二是氢能生产、运输网络的建设。净零碳项目将结合蓝氢与绿氢的应用降低工业碳排放，同时为超过 100 万户家庭提供足够的能源。三是碳捕获和封存（CCS 项目）。燃烧后的碳捕集技术将被应用于重点碳排放企业，并建立与氢气输运管道并行的 CO_2 储运管网，最终 CO_2 或是注入北海海底或是通过港口国际贸易外运。

---

① 1 吉瓦 =10 亿瓦

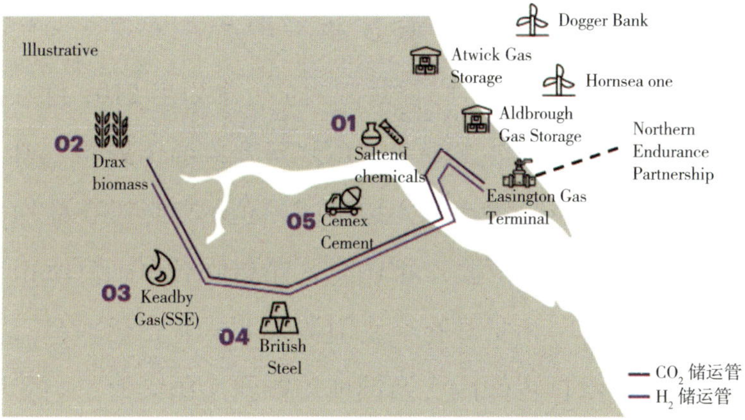

英国 Humber 工业聚集区零碳发展基础设施规划

专栏 5 苏州工业园区低碳发展经验

苏州工业园区以电子信息和装备制造业为主导产业，以生物医药、纳米技术和云计算为战略新兴产业发展布局，在低碳发展方面取得了显著成绩，受到国内外的广泛关注（下图）。园区低碳发展经验包括：①产业低碳化是园区低碳发展的主要抓手。自入选国家试点低碳产业园以来，累计关停 41 家不符合产业规划及高能耗的项目，为园区腾出用能空间，促进经济结构的调整转型。近年来，苏州工业园区大力推动传统产业的改造升级，推动制造业的高端发展。推动企业向国际同行业标杆看齐，实施低碳技术改造，全面提高产品技术、工艺装备、能效和环保的水平。实施工业减碳降耗行动，2016 年，完成了园区制造业企业能效水平评估工作，包括对企业、行业和园区三个层面能效水平的综合性评估分析报告。②能源管理低碳化是园区低碳发展的重要着力点。园区电力用户将其能源在线监测数据接入电力需求侧管理平台并实现了除热力数据外所有原厂数据的对接。通过整合园区内物质、能量流动信息，建立循环利用体系。③坚持将技术创新作为低碳发展的动力源。园区组织汇编先进、适用的节能与低碳技术，帮助园区企事业单位更便捷、更实际地找到新的节能降耗和低碳发展空间。推动公共场所、工业项目、公共建筑等节能降耗。建设协鑫能源中心“六位一体”微能源网项目，推动多能协同、新能源微电网示范项目等调整园区用能结构。

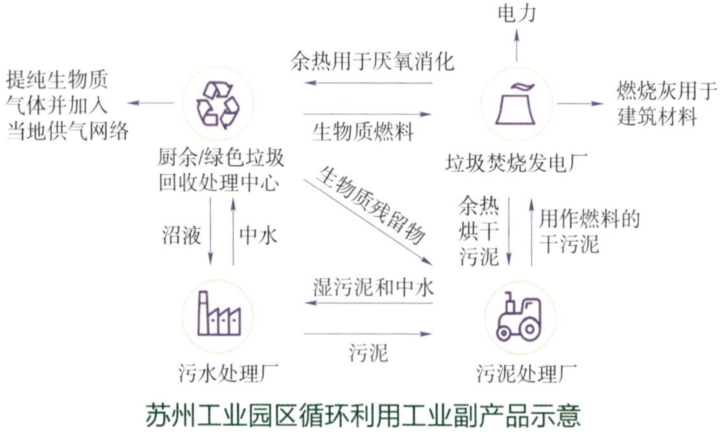

苏州工业园区循环利用工业副产品示意

资料来源：Accenture & World Economic Forum: Industrial clusters-Working together to achieve net zero.

051 > 国外绿色建筑发展和推广的经验有哪些?

建筑业是能源消耗非常大的行业，对环境造成的负面影响也格外突出，世界各国都十分重视建筑的节能减排工作，将绿色建筑的营建作为建筑减排工作的重心。为了推广和规范绿色建筑，各国都根据本国的国情推出了一系列措施[①]：一是健全的绿色建筑评估体系。如英国的《建筑研究所环境评估法》（BREEAM）、美国能源与环境设计先锋（LEED）与加拿大等多国合作建立的“绿色建筑评价工具”（GBTool），均是目前国际上较为完善且成功运作的绿色建筑评估体系，也是其他国家建立绿色建筑评估标准的范本；日本建立了“日本建筑物综合环境性能评价体系”（CASBEE），从规划、设计、材料的选择、建设、使用、改建到报废的整个过程，对建筑全生命周期的环境性能进行评价。二是以激励政策促进绿色建筑的开发与消费。如新加坡政府在对绿色建筑项目进行资金扶持的同时，还对其绿色建筑评价体系中最高等级的建筑项目给予额外建筑面积的优待政策，鼓励私人发展商建造更高级的绿色建筑；日本要求对住宅群强制进行 CASBEE 评级，根据评级结果

---

① 王玉麟，黄巧玲，漆贵海 . 国内外绿色建筑发展经验探讨［J］. 绿色建筑，2015（4）: 26-28.

给予项目不同程度的低息贷款。三是立法推动绿色建筑的发展。诸多国家在采取激励政策的同时，还会配套对应的立法工作来推动绿色建筑的实践。日本早在 1979 年就颁布了《节约能源法》，要求新建、扩建或维修房屋的各相关方设法提高建筑物的能源利用效率；美国部分城市（如旧金山、西雅图和华盛顿）已经尝试通过立法为建筑可持续发展设定最低标准和义务。

建筑节能减排政策目标和发展趋势见下表。

建筑节能减排政策目标和发展趋势

政策目标	政策发展趋势
建筑节能标准和规范	➢ 更多地采用性能导向的建筑节能标准达标途径，同时新增基于以实际运行能耗为导向的建筑节能标准达标途径； ➢ 在基本建筑节能标准的基础上，制定更严格的“引领性建筑节能标准”（Stretch Code），为省、市采纳节能建筑标准提供选择； ➢ 在公共建筑中率先推行强制性高能效标准（如净零碳排放标准）； ➢ 制定面向所有新建建筑的净零碳排放标准和规范； ➢ 制定建筑节能标准路线图，提前（数年）公布待实施的建筑标准和规范更新，推动市场转型

续表

政策目标	政策发展趋势
建筑能耗对标、监测和数据公示	➢ 公示建筑能源绩效数据； ➢ 利用公开数据引导未来政策设计； ➢ 强制实施建筑能耗数据公示政策，并扩大该政策的覆盖范围，将大部分（甚至全部）建筑纳入其中； ➢ 在强制性建筑能耗数据公示政策的基础上，推进更严格的建筑政策； ➢ 将能源绩效监测报告转向碳排放报告
建筑电气化	➢ 减少来自建筑供能的碳排放； ➢ 鼓励利用化石能源供能的建筑向全面电气化转型； ➢ 在可行的前提下，从鼓励建筑电气化向强制推行建筑电气化转变
净零碳建筑	➢ 推行净零碳排放标准，由个体建筑净零碳转变为建筑群或区域净零碳； ➢ 在公共建筑中率先推行净零碳排放标准； ➢ 发展净零碳排放建筑所需的市场能力，并最终将净零碳排放纳入强制性建筑节能标准； ➢ 在新建建筑和既有建筑中同时推行净零碳标准； ➢ 将隐含碳排放（Implied Carbon Emissions）纳入净零碳的定义范畴

续表

政策目标	政策发展趋势
建筑节能改造	➢ 将建筑节能改造激励政策与能耗对标、监测和数据公示政策相结合； ➢ 利用未来节省的能源开支来支付建筑节能改造的前期费用； ➢ 通过全面的建筑节能改造来实现建筑净零碳排放和电气化； ➢ 从激励性建筑节能改造向强制性建筑节能改造转变
财政激励	➢ 财政激励政策更多的针对既有建筑的节能改造，而非新建建筑； ➢ 利用未来节省的能源开支来支付建筑节能改造的前期费用； ➢ 通过公共资金投资，吸引私有资金投入建筑减排； ➢ 设计有针对性的财政激励和绿色金融政策来解决建筑减排过程中遇到的困难

资料来源：Maryland University & 能源基金会．净零碳建筑：国际趋势和政策创新［R］. 2020.

052 > 构建绿色公共交通体系的经验有哪些?

经济快速发展以及城市化进程的不断加快，带来了交通安全、交通污染、交通拥堵等一系列城市交通问题，优先发展公共交通、鼓励绿色出行是解决城市交通问题的必然选择。纵观国外发达国家和地区为鼓励公共交通出行和绿色出行所采取的措施，可归纳总结为以下几点：①实施

小汽车限制性政策，增加小汽车购车和使用的成本，以减少私人小汽车的拥有量；②减少停车设施供应和实施拥堵收费管理，抑制交通需求的增长，降低小汽车出行量；③减少公务用车，降低道路交通压力；④重点发展公共交通，建立发达的公共交通系统，贯彻落实公共交通优先发展政策，提高公共交通吸引力；⑤实施“停车一换乘”模式，

在公共交通网络建设过程中，同步加强公交同其他公共交通间的换乘设施建设；⑥开展绿色出行活动，建立流动管理和出行反馈项目（TFP），有针对性地对民众进行宣传教育；⑦出台、完善相关的法律法规，从制度上鼓励绿色出行。

专栏6 部分发达国家推广绿色出行和公共交通出行经验

英国：启动“停车再乘车”计划，即在城镇外围修建大面积的停车场，鼓励市民将汽车停放在城镇外的停车场，然后再乘坐公共交通进入城镇。此类场地呈弧形，离城镇中心的距离为2~3英里[①]，分别建在城镇东南西北四个方向，保证从各个方向进城的车辆都能有地方停车。

美国：通过现代化的智能交通管理系统（ITS）实现实时向民众提供公共交通信息、换乘信息等与出行相关的其他信息，鼓励民众绿色出行；严格控制公务用车数量，公务用车的具体使用情况必须定期向民众公布，公务用车车牌上均会标注“只能由政府使用”。

法国：2020年颁布实行《交通未来导向法》，针对近年来交通与环保领域存在的问题提出了一系列解决措施，并鼓励法国民众绿色出行。巴黎市大力

① 1英里=1.609 344千米。

投资建设非机动车道，大量划定了30千米/小时的限速区、20千米/小时的“聚会区”和步行区；在城市中心区公交发达、商业繁华的地区开辟“交通绿岛”，步行区（有些步行区允许公交车进入）有效打断了小汽车穿越中心区的交通路线，避免人员、小汽车在中心区堆积。

波兰：克拉科夫市根据不同的交通方式划分了三个区域（A区、B区和C区），A区仅限步行和骑行，B区对机动车限行，C区主要用于汽车出行；交通信号灯采用了语音信息系统，人行道在道路交叉口采用缘石坡道，并在大型多层立体交叉口安装了电梯。

新加坡：自1990年起，每年根据道路实时容量制定年度小汽车配额，然后依据每月配额的投放数量和申请居民的数量，通过公开竞标的方式让打算购买小汽车的居民先竞标拥车证再进行购车；划定交通拥堵收费区域，实施停车电子收费系统替代原有区域通行系统，实现依据车型和时段自动扣费；鼓励市民乘坐公共交通工具，构筑以地铁和轻轨为主线、以公交车和出租车为辅助的发达的交通网络。道路沿途设有换乘站，方便换乘；在每个地铁或轻轨车站，均设有较大型的公交车换乘站；居民区的车站均有遮阳棚通道，使乘客免受日晒雨淋之苦。

053 > 畜牧业低碳发展的措施和经验有哪些？

根据世界资源研究所（WRI）测算，畜牧业产生的碳排放量约占全球总排放量的5.8%。反刍动物由于其瘤胃发酵的作用，会产生大量的甲烷。畜牧业的发展水平是决定畜牧业碳排放量的关键因素。以奶业为例，根据新西兰AgResearch研究中心对全球主要牛奶生产国碳足迹数据的分析，新西兰的二氧化碳排放水平最低，每千克牛奶排放0.77千克二氧化碳当量，中国每千克牛奶排放二氧化碳当量为1.68千克，由此可见，我国奶业二氧化碳减排非常有必要而且具有很大的潜力。国内外畜牧业低碳发展的经验主要带来以下五点启示：一是关注全生命周期评估。不同环节的减排策略和时效性不同，部分策略可以立竿见影地减少某个环节的温室气体排放，如用玉米青贮代替牧草青贮可以减少奶牛自身二氧化碳的排放，但是从产业链和长期发展的角度来看，效果未必理想，需要系统谋划二氧化碳减排策略。二是提升动物的生产力和牧场管理。如通过饲料添加剂、配方调整等优化喂养策略、进行精准饲喂和施肥、降低非生产动物的比例、改善动物福利与健康、进行粪污循环利用等。三是减少化石能源的使用、防止土地退化和增加土壤碳固存。这被认为是最有希望的缓解方案之一，其中草地型农业发挥着重要作用。四是从生产和消费多个角度共同考虑，如减少资源密集型动物源产品的消费。五是要关注食物与饲料生产之间的资源竞争。为了降低成本，可以利用不适用于粮食生产的贫瘠土地进行放牧或饲草种植，或者用人类不可食用的农副产品作为饲料，更好地发挥动物在循环农业中的作用。

054 > 主要国家在取暖方式方面如何实现低碳?

每逢冬天，“暖气”和“供暖”必定会成为全国人民关注的话题。国外最大众化的供暖方式是依靠天然气和电力。瑞典和奥地利以能源二次利用供暖；最特别的是匈牙利，每年回收磨损纸币用作燃料，即“烧钱取暖”。美国约有 50% 的家庭使用天然气取暖，39% 的家庭使用电力取暖，其余的家庭使用取暖油、丙烷、木头等其他方式进行取暖。其中，大城市通过电来取暖，小城镇多采用油取暖；奥地利利用垃圾取暖成为欧盟循环经济的典范。2017 年，奥地利第二大公共事业机构 EVN 从意大利罗马进口了 7 万吨垃圾，通过出售由垃圾转化成的电、热、气，满足了奥地利居民供暖需要的热能。德国将“让每个家庭用上暖气”作为目标，每座城市都建设了热电厂，用以集中供热。丹麦、瑞典、芬兰、美国、加拿大等国家将新绿色能源供暖作为供暖途径之一，即通过数据中心所产生的热量为这座城市的住户提供暖气；匈牙利“烧钱取暖”计划始于 2008 年，把旧钞票压制成“钱砖”后，送给燃料不足的民众取暖，其可燃性几乎与褐煤一样，还可供使用混合燃料的燃炉使用。

专栏 7 丹麦供暖绿色低碳发展情况

丹麦地处北欧，采暖期长，很多建筑一年四季都需要供热，大量创新性供热节能技术应运而生，可再生能源供暖能耗占比超过60%，是丹麦低碳转型的一大特色。这得益于区域供暖和热电联产的广泛使用，以及可再生能源在供热网络中的大比例应用，丹麦供暖绿色低碳发展效果显著，计划到2035年，采暖系统将全部由可再生能源驱动。其在区域供暖低碳发展方面值得借鉴的做法包括[①]：

一是坚实的制度法律保障。丹麦于2008年推出《供热法案》，该法案规定，当一个地方新建或者扩建区域供暖系统时，应对必须采用哪些燃料有明确的规定，在热电联产发电的情况下，几乎可以选择所有类型的燃料。但对于专用供热设备（没有热电联产发电），可选择的燃料种类取决于设备所在地区是否有天然气供应。如果该地区有天然气供应，则供热设备只能用天然气；如果当地没有天然气供应，可以选择使用生物质、垃圾、沼气，垃圾填埋气和其他气化生物质作为燃料。二是以经济手段促进企业和公众参与。丹麦政府除了对供暖企业进行补贴外，还在建筑领域引入了“节能账户”的机制，

① 中国能源报：能源童话丹麦——“区域供暖”的经验及启示。

即建筑所有者按建筑能效等级支付节能费。丹麦的《供热法案》规定，所有家庭必须安装热表，按量收费。节能账户、热计量和收费等用户端的节能措施，在培养了公民的低碳和节约意识的同时，从源头上解决问题，形成从消费端“拉动”节能的良性循环。三是坚持技术驱动。丹麦绿色技术出口占丹麦出口总量的百分比长期在两位数以上，在欧盟国家中多年来位列第一。迄今为止，以丹麦为代表的世界领先的区域能源技术已经发展到了第四代，城市能源供应系统已经从最初以单一化石能源为主要热源，发展到了“节流”与“开源”并举、多能互补的现代化绿色区域能源体系。所谓第四代区域供热，即低温区域供热，是尽可能地利用各种可再生能源或废热中的低品位热能（包括风能、太阳能、沼气集中供热、地源热泵、秸秆及垃圾焚烧等混合供热方式），通过供热系统技术升级，仍能够保证系统高效运行的供热方式。

055 > 国外是如何推行绿色低碳生活方式的？

部分发达国家绿色生活建设起步早，并且积累了不少先进经验。主要包括：①美国实施绿色家庭标准制度。房地产企业设置了房屋“绿色级别”，美国联邦政府开展了“能源之星认证之家”活动，私人组织建立起了“美国自愿性标准体系”，国家制定了“绿色家庭认证”和“绿色建筑认证”制度，从节水、节能、清洁大气、交通绿色便捷、室内环境绿色要求、场地节约等方面设计了绿色建筑认证标准的相关指标，通过评分将建筑是否符合环保要求从高到低划分为铂金级、金级、银级、认证级共四个等级。②英国倡导简朴绿色家庭。拥有绿色空间是英国人对家庭住房条件的追求，英国人喜欢附带花园的住房，喜欢花费较多的金钱购买苗木来布置住房周围的环境，打理前后花园。一些富有家庭住在祖辈留下的茅草平顶房里，外表看上去简朴但内部装修干净、现代化。在住房使用上，英国人注重绿色环保、干净实用，避免频繁拆建产生大量的建筑垃圾，有利于绿色生活。③法国崇尚绿色、环保、低碳，反对乱扔、乱拆、乱建。吃饭采用“分餐”制，做到“碗干盘净”，从 2015 年 4 月 1 日开始执行食品新标识码规定，新规定取消了“最佳消费限期”（DLUO）标示，以“最低耐藏限期”（DDM）代替；促销优惠手段由“买一赠一”改为“现在买一，下周赠一”，推进农产品赠予活动，将被弃置的农产品收集起来免费发放；崇尚节俭，在消费方面做到量力而行、能省则省；全民做到自觉垃圾分类，体积过大的废弃物如淘汰的旧家具等不能随便丢弃，在公共场所随意丢弃垃圾将会受到处罚；实施自行车补贴计划，并为使用电动自行车的市民免费提供充电装置，推荐市民拼车出行。④日本推广“绿色家庭电厂”与家庭垃圾分类。新建住房都要求在屋顶安装太阳能发电设备，大多数家庭成为“绿色家庭电厂”，可再生能源的应用普及到每一户家庭。日本也是比较早地进行垃圾分类处理的国家，居民环保意识较强，自觉服从政府的垃圾回收管理。例如，对于纸类的回收，按照报纸、杂志、饮料包装纸、纸箱等分类放到垃圾回收指定地点。

056 > CCUS 技术成功实施的案例有哪些？

世界上第一个工业和商业规模的 CCUS 项目为斯莱普纳（Sleipner）项目，由挪威国家石油公司和斯莱普纳合作伙伴共同经营，将斯莱普纳天然气田产生的二氧化碳注入离挪威海岸大约 250 千米的北海海床 800 米以下的盐水层。从 1996 年 10 月开始，每年注入约 100 万吨二氧化碳，到目前为止已注入超过 1 700 万吨二氧化碳。据统计，目前世界上 CCUS 项目超过 400 个，其中年捕集规模在 40 万吨以上的大规模综合性项目有 43 个（含目前运行、在建和规划的项目）。大规模综合性项目个数及二氧化碳捕集量主要集中在北美和欧洲各国，占 62%；其次是澳大利亚和中国。

欧美建设运营 CCUS 项目的经验表明，单靠技术不足以推动 CCUS 项目快速发展，还需做好以下几个方面的工作：一是多措并举，激励到位。财税激励政策被广泛认为是促进 CCUS 项目发展的主要手段。美国于 2008 年实施的 Form 45Q 政策（每封存 1 吨二氧化碳，将获得 50 美元的税收返还），被认为是当前最有激励性的 CCUS 政策之一。在 2020 年全球新筹备的 17 个商业 CCUS 项目中，美国就占了 12 个，这主要得益于其出台的多项激励措施。二是价格保证，机制灵活。如英国的差价合约收费制度规定，当市场价格低于合同价格时，用户向发电商付费，当市场价格高于合同价格时，发电商将差额部分返还给用户，保证 CCUS 发电站获得稳定收益。通过引入排放交易系统对温室气体排放进行定价，使 CCUS 技术在其他减缓气候变化技术中具有竞争力。三是拓宽渠道，资金支持。国外政府支持资金用于技术研发与投资建设，项目的外部资金占比最高可达 50%。可通过碳税 + 配套公共资金、政府专项财政资金、政府募集基金、吸引投资机构投资、设立大型气候基金和政府担保进行银行贷款等多种途径和渠道扩充资金来源。

中国运行较早的CCUS项目是中国石油吉林油田CCS-EOR研究与示范，即二氧化碳捕集、利用与封存技术，是将捕集到的二氧化碳通过管道输送增压后注入油层，利用二氧化碳比水更能高效驱油的特性，使二氧化碳与地下原油充分接触混相驱，达到膨胀提高驱动能量、降低黏度、提高原油流动性的目的，将油藏中的原油尽可能多地驱赶到地面上来。在有效提高原油采收率的同时，将大部分二氧化碳永久地埋藏于油层中。部分伴随原油产出的二氧化碳循环注入油层，直至油藏废弃后全部埋存，实现二氧化碳的零排放。截至2015年，中国累计运行十多项CCS/CCUS项目，其二氧化碳的来源主要是燃煤电厂，也有部分来自煤制油、煤化工过程（下表）。

中国 CCUS 项目基本情况

序号	项目名称	示范内容				投运年份	规划捕集/封存量/万吨	营运状况
		排放源	捕集技术	运输方式	封存或利用方式			
1	中国石油吉林油田 CCS-EOR 研究与示范	天然气净化	燃烧前	管道	EOR	2007 年	20	运行中
2	华能高碑店电厂	燃煤电厂	燃烧后	—	—	2008 年	0.3	运行中
3	华能石洞口电厂	燃煤电厂	燃烧后	—	—	2009 年	12	运行中
4	中国石化胜利油田燃煤电厂 CO_2 捕集与 EOR 示范	燃煤电厂	燃烧后	罐车	EOR	2010 年	4	运行中
5	中联煤层气有限责任公司 CO_2-ECBM	—	外购气	罐车	ECBM	2010 年	0.1	闭场
6	中电投重庆双槐电厂碳捕集示范项目	燃煤电厂	燃烧后	—	—	2010 年	1	运行中
7	神华集团煤制油 10 万吨 CO_2 碳捕集示范封存	煤制油	燃烧前	罐车	咸水层封存	2011 年	10	闭场
8	华中科技大学 35 兆瓦富氧燃烧技术研究与示范	燃煤电厂	富氧燃烧	—	—	2011 年	10	建设中
9	国电集团天津北塘热电厂	燃煤电厂	燃烧后	—	—	2012 年	2	运行中
10	延长石油陕北煤化工 5 万吨/年 CO_2 捕集与 EOR 示范	煤化工	燃烧前	罐车	EOR	2013 年	5	运行中
11	中国石化中原油田 CCS-EOR	化工厂	燃烧前	罐车	EOR	2015 年	10	运行中
12	华能绿色煤电 IGCC 电厂 CCUS 示范	燃煤电厂	燃烧后	罐车	EOR 及咸水层封存	捕集装置建成，封存工程延迟	10	运行中

057 > 主要国家和能源巨头如何布局氢能产业？

氢能可以作为清洁电力的有力补充，在能源领域发挥独特的优势。日本以保障能源安全为主要目标大力发展氢能，实施了一系列促进氢能发展的战略和政策，包括开展海外化石能源+CCS制氢及本国可再生能源电解水制氢，加强进口和国内氢运输、分配基础设施建设，促进氢能在汽车、家庭热电联供和电力等部门的应用。德国布局氢能全产业链，包括发展可再生能源电解水制氢，以氢替代部分天然气用于合成，利用现有的天然气基础设施，加快构建氢气管道运输网络等，特别是在交通领域，氢能被确定为重载交通、航空、航海等领域的替代燃料。美国能源结构和能源安全等问题并不突出，但其各级政府都将氢能与氢燃料电池作为先进技术进行战略投资，确保其技术的领先地位，并明确通过氢经济活动扩大美国在全球能源领域的领导地位。法国着重于绿氢生产和交通替代燃料，计划投资70亿欧元推动大规模建设安装电解水装置、促进交通工具使用氢燃料电池等项目建设，旨在到2030年电解槽达到6.5吉瓦规模和60万吨/年绿氢的产能。澳大利亚关注氢能产业贸易，澳大利亚拥有丰富的煤炭资源可用于低成本制氢，为实现氢能技术领先，将氢气作为商品进行国际贸易，为亚洲三大氢能出口基地之一。

世界各大能源巨头企业也在纷纷布局氢能产业。如英国石油巨头英国石油公司（BP）于 2020 年 8 月发布“十年战略”，计划将核心氢能市场的份额增加至 10%，并在 2021 年 3 月 18 日宣布制定英国最大的“蓝色”氢气计划，目标是到 2030 年英国的低碳氢能达到 5 吉瓦。壳牌公司 20 多年前就开始了制氢试点工作，当前正在进行的有全球最大的质子交换膜（PEM）电解制氢厂以及建设在荷兰的欧洲最大的绿色氢能项目。道达尔石油公司将在法国参与设计、开发、建造和运营法国最大的可再生能源制氢基地，该项目是在道达尔拉梅德生物燃料厂中安装 40 兆瓦的电解槽，由装机量超过 100 兆瓦的太阳能发电站供能。沙特政府结合当地稳定的太阳能和风能以及大片闲置土地的优势，正在建设一座耗资 50 亿美元完全由太阳能和风能提供能源的绿氢工厂（Helios），届时将成为世界上最大的绿色氢气制造厂。俄罗斯天然气公司正在研究如何在现有天然气管网中掺入氢气，以向欧洲输送含有最高 20% 氢气比例的混合气。

058 > 有关储能技术发展的经验及启示有哪些？

储能是能源转型的关键技术，北美、欧洲各国为了促进储能产业的可持续发展，制定并实施了许多鼓励性政策和补贴[1]。北美以政策和补贴鼓励发展分布式储能。如美国推出了《更好的储能技术法案》（BEST），并于2016年出台了投资税收抵免（Investment Tax Credit，ITC）政策，提出先进储能技术都可以申请投资税收抵免，并将储能纳入自发电激励计划（SGIP）的支持范围。欧洲主要国家储能部署已趋饱和，政策偏重于引导新需求。欧洲许多国家以补贴手段扶持本地用户侧储能市场，如意大利实施了补贴及减税政策；德国采取了逐年下降上网电价补贴、高额零售电价、高比例可再生能源发电，以及德国复兴信贷银行提供的户用储能补贴等一系列措施，同时部署了大量电化学储能、储热、制氢与燃料电池研发和应用示范项目；英国制定了一系列推动储能发展的行动方案，明确储能资产的定义、属性、所有权及减少市场进入障碍等，同时取消了光伏发电补贴政策，客观上刺激了户用储能的发展。亚洲主要国家以储能分散部署为主，政策与补贴关注户用与交通储能。如日本除对户用储能提供补贴外，新能源市场的政策导向也十分积极，同时采用激励措施鼓励住宅采用储能系统；中国在储能领域的政策激励是促进行业快速发展的主要原因，也是储能部署的主要推动力；印度陆

① 中国储能网新闻中心．储能技术发展现状与趋势［J］．石油科技论坛，2020.

续启动储能技术在电动汽车、柴油替代、可再生能源并网、无电地区供电等领域的应用；韩国主要通过为商业和工业用户提供电费折扣优惠等激励措施，支持储能系统部署。

059 > 有关碳金融发展的成功案例有哪些？

欧盟通过立法及联盟内部的“碳排放交易体系”，即法律与实践相结合，制订了严格的碳减排目标，在碳金融的发展上走在了世界前列。欧盟内的政策法案包括《欧盟温室气体排放交易指令》（2003）、《欧盟关于禁止白炽灯和其他高耗能照明设备的法规》和《欧盟能源技术战略计划》（2007）、《关于促进和利用来自可再生供给源的能源条例草案》（2009）。除此之外，欧盟于2005年1月建立了世界上第一个国际性的碳排放权交易体系——欧盟碳排放交易体系（EU ETS），其交易量与交易额都遥遥领先于全球其他地区。2020年碳排放交易量达80亿吨，碳配额价格一路上扬，于近日突破50欧元/吨再创历史新高。

发达国家碳市场在运行过程中，金融机构的参与日益广泛，交易所作用不断增大，交易的金融衍生品日益丰富（下表）。当前国际典型的碳金融交易工具主要包括远期交易、期权、期货、互换等，融资工具主要包括碳债券、碳基金、碳资产证券化、碳保险等。2021 年 2 月 7 日，中国首批发行的“碳中和债”由中国银行间市场交易商协会创新推出，市场反应良好，是率先在全球范围内冠以“碳中和”的贴标绿债，募集的资金专项用于具有碳减排效益的绿色项目的债务融资。

国外碳金融衍生品进展

国家	碳金融衍生品进展
英国	政府将设立首个基建银行，财政部将会为银行提供 120 亿英镑的初始资本，还会提供 10 亿英镑的信用担保。基建银行将会致力于引导资金投入能源、水处理、垃圾处理、运输和数字化项目。政府希望能撬动 400 亿英镑的商业投资进入有利于实现碳中和的基建项目。还会有部分投资银行的职能，包括为地方政府和企业提供决策咨询，协助项目策划融资方案。基建银行还会对部分早期阶段开发的项目提供股权投资，协助提升项目可行性
不丹	不丹气候基金是不丹国家环境委员会在世界银行的支持下提出的一个概念，旨在汇总向印度出口水电所产生的减排量，对减排量进行市场化和货币化。基金的部分收入将用于不丹的低碳发展活动，另外，基金还将承担减排项目在设计、文件准备、MRV 体系建设、独立评估准备等环节的相关成本

续表

国家	碳金融衍生品进展
西班牙	在西班牙政府的财政支持下，欧洲复兴开发银行利用“综合碳计划”，通过政策支持和能力建设、减排项目投资两种方式，对地中海南部和东部地区碳市场建设的不同方案进行了测试。欧洲复兴开发银行在摩洛哥测试低成本的太阳能监测系统时，希望能大规模降低事后监测、报告与核查的成本，也在密切监测绿色气候基金政策的变化及其对气候市场的影响
瑞士	瑞士通过气候筹资基金会（CCF）募集了约 2 000 万瑞士法郎用于开展相关的试点活动。自 2017 年以来，CCF 持续推进第一轮提案中提交的三项试点活动，包括在秘鲁推广高效灶具、在墨西哥激励垃圾填埋场业主收集和燃烧利用垃圾填埋气，在泰国推动电动汽车持有量的提高
斯里兰卡	碳伙伴基金为减排量交易过程中工业国买方、发展中国家卖方、发展中国家政府以及捐赠国政府的沟通交流搭建平台。基金旗下首个符合《巴黎协定》第六条的新一代碳信用方案——斯里兰卡可再生能源方案已完成准备阶段工作，各方有望就 2018—2023 年生成的减排量签署购买协议

第五章

CHAPTER 5

内蒙古自治区低碳发展的现状

060 > 一次性能源生产量及构成情况如何？

一次性能源是指从自然界取得未经改变或转变而直接利用的能源，分为可再生能源和不可再生能源，前者是指能够重复产生的天然能源，包括太阳能、风能、潮汐能、地热能等；后者是指用一点少一点的能源，主要是各类化石燃料和核燃料。近年来，内蒙古自治区一次性能源生产量稳步提升，2019 年达到近 8 万吨标准煤，人均一次性能源生产量上升到 31.23 吨标准煤，是我国平均水平的 10 倍之多（下图）。其中，原煤供给仍占据主导性地位（比重达 98% 以上）。“十三五”以来，全区可再生能源得到了长足发展，初步形成了煤电、风电、光伏发电、水电相互补济、多轮驱动、并驾齐驱的新格局，成为国家能源发电的重要基地。2019 年，全区风力和太阳能发电量分别达到 666 亿千瓦·时和 163 亿千瓦·时，分别位居全国第一位和第三位。风力发电和太阳能发电在全区节能减排工作中发挥了重要作用，风力发电、太阳能发电年节约发电用水 2.36 亿立方米、发电标准煤量 2 505 万吨，减少碳排放 7 000 万吨、二氧化硫排放量 2.16 万吨、氮氧化物排放量 2.08 万吨、烟尘排放量 0.5 万吨[1]。

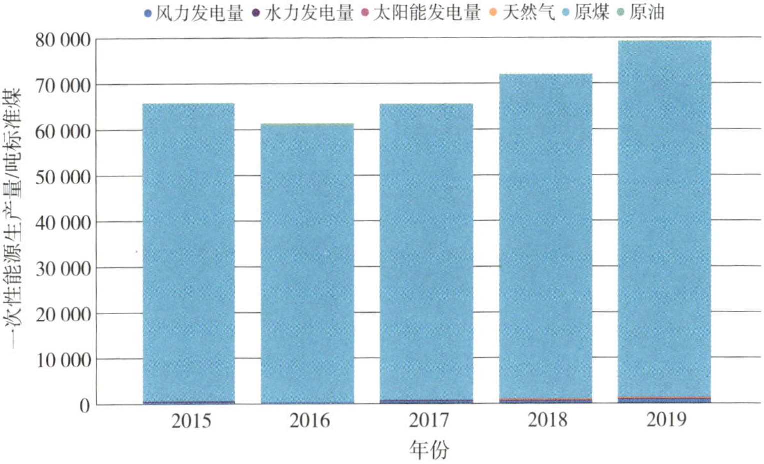

内蒙古自治区一次性能源生产量及构成

数据来源：历年《中国能源统计年鉴》。

061 > 能耗消费总量和强度“双控”目标完成情况如何?

“十三五”时期，内蒙古自治区通过加强节能审查管理以及开展重点用能单位能源管理专项检查活动、“百千万”节能行动等重点措施，落实能源消费总量和强度“双控”目标任务。但是，全区能源消费总量仍大幅增长，经济总

① 内蒙古有望成为国家级绿色清洁新能源基地［EB/OL］. http：//www.zggyjn.cn/news/vıew.php?fid=56&1d=277584.

量仅占全国的 1.7%，却消耗了全国 5.2% 的能源。2019 年，全区能源消费总量达到 2.53 亿吨标准煤，同比增长 9.9%，能耗强度上升 4.5%，均超出国家下达的“十三五”总量控制目标（下图），主要与煤化工、电解铝等高耗能行业恢复性增长，导致高耗能行业能源消费大幅反弹有关，六大高耗能行业[①]能源消费量同比上升 15.5%，消费比重达到 72.1%。同时，能源消费结构调整缓慢，2019 年，非化石

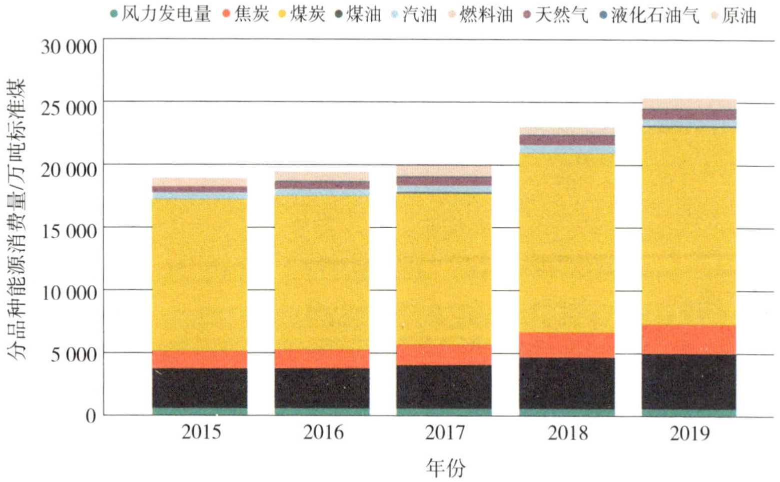

内蒙古自治区能源消费总量及构成

数据来源：历年《中国能源统计年鉴》，除煤炭以外其余能源品种标准量为实物量乘以折标系数得出，煤炭标准量为能源消费总量标准量减去其余能源品种标准量得出。

① 六大高耗能行业包括石油加工、炼焦及核燃料加工业，化学原料和化学制品制造业，非金属矿物制品业，黑色金属冶炼和压延加工业，有色金属冶炼和压延加工业，电力、热力的生产和供应业。

能源消费比重仅为8.1%，远低于全国15.3%的平均水平；对煤炭资源的依赖程度依然较高，煤炭消费占比达到84.1%，主要用于火力发电和供热，占煤炭消费总量的64.2%，其次是工业和建筑业（占比为31.2%）；石油和天然气消费分别占比8.14%和3.54%（下表）。

2019年内蒙古自治区规模以上工业综合能源消费情况

行业大类	行业小类	能源消费量/万吨标准煤
采矿业	煤炭开采和洗选业	1 136.58
	其他采矿业	126.41
制造业	化学原料和化学制品制造业	5 336.98
	黑色金属冶炼和压延加工业	2 983.06
	有色金属冶炼和压延加工业	2 232.25
	石油加工、炼焦和核燃料加工业	1 098.31
制造业	非金属矿物制品业	629.29
	其他制造业	634.98
电力、热力、燃气和水的生产和供应业	电力、热力生产和供应业	7 097.11
	燃气和水的生产和供应业	279.06

数据来源：《2020内蒙古统计年鉴》。

062 > 碳排放现状及主要驱动因素是什么？

《省级二氧化碳排放达峰行动方案编制指南》明确，

各省（区、市）碳达峰仅着重考虑能源活动碳排放即化石能源消费产生的碳排放。近年来，内蒙古自治区能源活动碳排放量和人均碳排放量均呈现出明显的增长态势。2019 年，全区能源活动碳排放量达到 7.10 亿吨，约占我国碳排放量的 7.2%。其中，能源生产与加工转换业碳排放占比最高（59.7%），其次是工业和建筑业占比 32.2%，交通运输业占比仅为 3.20%；全区人均碳排放量达到 27.95 吨，碳排放强度达到 4.12 吨 / 万元，均高于全国平均水平（分别为 7.0 吨 / 人和 1.0 吨 / 万元）。纵观国外实践，碳达峰和碳中和是经济社会发展成熟阶段的一项重要指标，其目标实现主要依赖能源结构改善、经济高质量发展、产业结构优化等方面的综合作用。当前，全区城镇化率、人均 GDP、第二产业比重均位居我国 34 个省（区、市）的中上水平，并且已出现国家碳达峰时的特征，但煤炭消费比重仍高达 86%，火力发电、供热和工业领域煤炭燃烧产生的碳排放占比近 90%，推进能源体系清洁低碳发展是实现碳达峰和碳中和目标的重中之重（下图）。

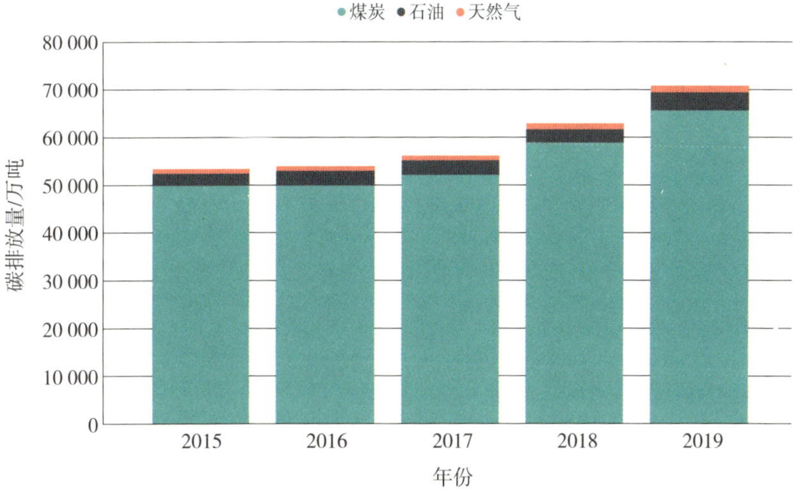

内蒙古自治区能源活动碳排放量变化

数据来源：基于内蒙古自治区历年能源平衡表测算。

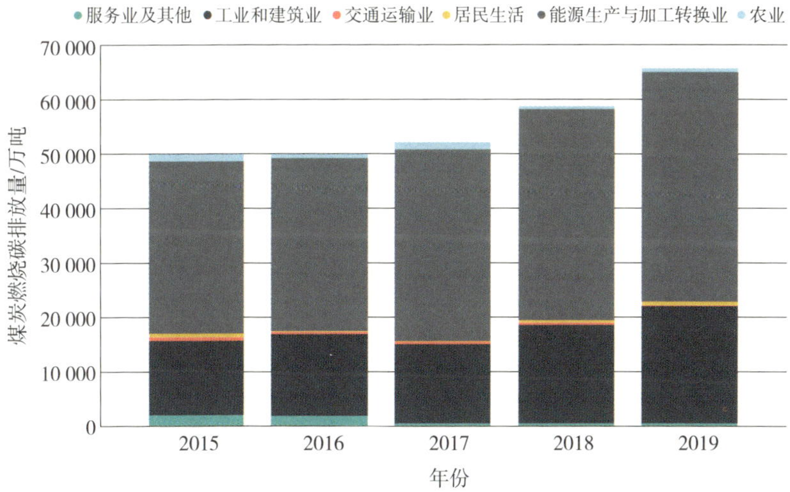

内蒙古自治区分行业煤炭燃烧碳排放量变化

数据来源：基于内蒙古自治区历年能源平衡表测算。

063 > 低碳发展的体制机制是如何安排的？

低碳发展离不开体制机制的创新。内蒙古自治区按照“整体谋划、源头治理、协同发力”的思路，建立了科学有效的低碳发展制度保障体系：印发了《内蒙古自治区生态环境厅关于成立二氧化碳达峰行动方案编制工作协调领导小组的通知》（内环办〔2021〕63号），成立了由厅长任组长，相关处室和单位主要负责人为成员的领导小组；编制《内蒙古自治区“十四五”应对气候变化规划》，指导推动“十四五”时期应对气候变化工作高效有序地开展；将碳排放控制纳入《关于确保完成“十四五”能耗双控目标任务若干保障措施》《关于加强高耗能高排放项目准入管理的意见》，全面加强高耗能高排放项目准入管理；推动把减污降碳纳入环保督察，实行“两高”项目环境影响评价缓批或限批；推动落实应对气候变化与减排专项工作厅际联席会议制度，制定应对气候变化年度工作要点；将碳排放权交易试点建设列为政府经济体制和生态文明体制改革的重点任务，率先启动呼、包、鄂碳交易试点，统筹推进碳交易试点和全国碳市场建设；制发《关于开展自治区级低碳试点工作的通知》，出台低碳城市、园区社区、近零碳排放区示范创建管理规程、指标体系和评估标准；发挥考核“指挥棒”导向作用和倒逼机制，开展控制温室气体排放目标责任评价考核。

064 > 低碳试点建设工作取得了哪些成效？

自2012年以来，全区陆续启动了一系列低碳试点示范工作，形成了涵盖低碳城市、低碳工业园区和低碳社区试点以及零碳排放示范区的多层次的低碳试点体系。呼伦贝尔市和乌海市分别被纳入全国第二批和第三批低碳试点城市，乌海经济开发区、鄂托克经济开发区、赤峰红山经济开发区被评为国家低碳工业园区，内蒙古自治区支持建设了呼和浩特市党委社区、赤峰市元宝山区平庄坤泰时代家园社区等一批低碳社区试点项目，各试点社区均取得了较好成效。同时，积极推进零碳排放示范区建设，实施乌海市第六人民医院综合办公大楼自然能源智慧系统升级改造项目，建设乌海市零碳高科技农业产业示范基地。此外，还选择有代表性的酒店、商店、旅游景区，着力打造一批低碳示范酒店、低碳旅游示范景区、低碳示范购物场所等（下表）。

内蒙古自治区低碳试点建设工作进展及成效

低碳试点		主要举措及成效
低碳城市	呼伦贝尔市	编制《呼伦贝尔市创建国家生态文明建设示范市实施方案》，印发《关于进一步加强重点用能企业节能减碳责任目标管理的通知》，配套出台《呼伦贝尔风电基地规划》等专项规划，编制低碳发展规划、温室气体清单，开展碳排放峰值和减排路线研究

续表

低碳试点		主要举措及成效
低碳城市	乌海市	将低碳城市试点与生态文明现行示范区建设协同推进，开展现代能源经济示范城市和氢经济示范城市建设。编制《乌海市低碳城市建设实施方案》《乌海市低碳发展规划（2018—2025）》，编制温室气体清单，开展碳排放峰值路径研究工作
低碳工业园区	乌海经济开发区	加强园区低碳发展规划，引导工业园区实施低碳改造，推动能源管理体系、低碳产品认证工作，优化园区产业链和生产组织模式，探索低碳产业园区管理模式
	鄂托克经济开发区	
	赤峰红山经济开发区	
低碳社区	呼和浩特市党委社区、赤峰市元宝山区平庄坤泰时代家园社区等	低碳生活和低碳理念深入社区，社区居民的居住环境、生活服务等方面实现质的提升。对实现从低碳社区到低碳城市再到低碳社会的升级，具有很好的推进和带动作用
零碳排放示范区建设	乌海市第六人民医院综合办公大楼自然能源智慧系统升级改造项目	项目可为公共建筑提供统一供暖、制冷、热水和电力服务，每年节约标准煤1.35万吨，减少二氧化碳排放3.5万吨
	乌海市零碳高科技农业产业示范基地	有效地降低了农业生产过程中的能源消耗，预计每年节约标准煤5万吨，减少二氧化碳排放13.1万吨

续表

低碳试点	主要举措及成效
低碳商业	通过财政资金引导，进行基础设施的低碳化改造，提高清洁能源使用率，加强低碳服务和管理，打造一批低碳示范酒店、低碳旅游示范景区、低碳示范购物场所等

065 > 工业领域采取了哪些低碳发展措施？

工业是能源消耗和碳排放的最主要领域，内蒙古自治区在工业领域低碳发展的措施主要体现在以下三个方面：一是积极淘汰落后产能。坚持以供给侧结构性改革为主线，加快新旧动能接续转换，努力淘汰化解过剩产能，提前完成“十三五”时期钢铁、煤炭等行业去产能任务，累计退出煤炭产能 4 190 万吨，完成国家下达任务的 2.45 倍；退出钢铁产能 346 万吨，淘汰不达标火电机组 29 万千瓦。二是实施工业专项节能监察。完成 356 家企业国家重大工业专项节能监察任务，对全区 125 家水泥企业、8 家电解铝企业、18 家钢铁企业开展阶梯电价政策能耗专项核查，对能耗超限额企业限期整改。2017—2019 年，累计对近 1 500 家企业开展节能专项监察。三是组织开展工业节能诊断服务工作。2019 年，组织 11 家节能诊断服务市场化组织为全区钢铁、有色金属冶炼、石化化工、建材、食品等13个行业120家企业提供公益性节能诊断服务并编制节能诊断报告，从生产工艺、技术装备、系统优化、运行管理等方面提出建议，发掘企业节能潜力，推动企业实施节能技术改造提升能源利用和节能管理水平。随着工业能效不断地提高，工业节能空间不断地压缩，需要进一步创新驱动、完善管理，推进工业领域深度减碳。

设计者：白雪瑞

066 > 建筑领域采取了哪些低碳发展措施?

我国每年新增建筑工程量的碳排放，一度达到了碳排放总量的近 20%。内蒙古自治区建筑领域低碳发展措施主要体现在以下五个方面：一是提供法制保障。自 2019 年 1 月 1 日起实施《内蒙古自治区民用建筑节能和绿色建筑发展条例》。二是扩大绿色建筑发展规模。将绿色建筑实施范围落实到固定资产投资节能审查环节，推动建筑项目积极申报绿色建筑标识评价，提升建筑品质，加强绿色建筑项目动态管理。2019 年，全区按照《绿色建筑评价标准》建设竣工项目共计 1 881.88 万平方米，占新建建筑工程比例的 40.23%。三是持续推动公共建筑节能改造。引导盟市积极开展公共建筑节能试点工作，探索建立节能改造市场机制，倡导合同能源管理、PPP 等节能服务新模式，实施公共建筑节能改造 14.8 万平方米。四是加强可再生能源建筑应用。持续推广太阳能光伏、光热建筑一体化技术应用，2019 年全区新增太阳能光热应用面积 12.5 万平方米。五是持续推进能耗统计、楼宇监测工作。完成在线监测楼宇 205 栋、自治区 12 个盟市数据中心及 8 所节约型校园数据的调试对接，组织编制《数据中心和展示中心运维管理手册》。

067 > 交通领域采取了哪些低碳发展措施？

交通行业也是能源消耗和碳排放的大户，内蒙古自治区交通领域低碳发展措施主要体现在以下三个方面：一是大力控制城市客运碳排放。2019 年，全区城市客运运输周转量碳排放较上年下降约 11%，较 2015 年下降约 31%，

超额完成《综合运输服务“十三五”发展规划》中规定的减碳目标。二是加快推广节能环保车辆。截至2019年年底，全区新能源汽车保有量15 706辆；城市公交车12 203辆，其中新能源车辆3 286辆、清洁能源车辆4 063辆。三是建成浩吉铁路运煤专线。浩吉铁路北起内蒙古鄂尔多斯乌审旗浩勒报吉南站，南至江西吉安市吉安站，全长1 813.544千米，设计时速120千米，规划年输送能力为2亿吨以上，是“北煤南运”的国家战略运输通道，对于推进全区煤炭运输“公转铁”具有重要的战略意义。交通是社会经济发展的重要组成部分，交通领域能源消耗和碳排放仍将随着经济高速发展而快速增加。

068 > 农牧林草业对于低碳发展有何作用？

一方面，农牧业在具有固碳功能的同时，还是碳排放的重要组成部分。与工业领域碳排放相比，农牧业碳排放源更为广泛和复杂，全区农牧业碳排放源以农业土壤、动物肠道发酵和动物粪便管理为主。近年来，全区通过化肥农药减量增效、秸秆资源化利用、废弃物综合利用等措施，最大限度地减少农牧业温室气体排放。2019年，全区亩均施肥量为16.5公斤/亩[①]，化肥利用率提高到了35.5%，

① 1亩≈666.7平方米

有力促进了全区耕地质量提升和化肥施用量零增长目标的实现。另一方面，以森林、草原等生态系统为主体的生物固碳措施，有利于不断提升生态碳汇能力。全区通过造林和再造林等多种形式促进林业生产，强化森林资源保护管理，加大中幼林抚育和低产、低效林改造力度。2019 年，全区森林覆盖率达到 22.1%，森林面积 3.92 亿亩，森林蓄积量 15.27 亿立方米，草原综合植被盖度达到 44%。

069 > 减少碳排放的市场机制进展情况如何？

积极采用市场机制减少二氧化碳排放的工作进展主要体现在以下三个方面：一是扎实开展碳市场建设前期工作。开展了全区八大行业重点排放单位 2018 年度碳排放历史数据的核算报告与核查及专家复核工作，推动企业建立碳排放管理制度，制订碳排放监测计划，建成“内蒙古自治区重点企（事）业单位温室气体排放报送平台”并正式投入使用，按要求开展了全区发电行业重点排放单位名单及全国碳排放权注册登记系统和交易系统开户材料的报送工作，举办多期应对气候变化及碳市场能力建设培训班，为后续注册登记及交易做好前期准备持续开展能力建设工作。二是积极开展林业碳汇交易。2019 年，内蒙古大兴安岭重点国有林管理局先后完成 3 笔林业碳汇交易，交易金额总计 71 万元，是自治区开展森林生态补偿市场化机制的新探索。三是先行先试开展碳普惠试点。乌海市通过推行“互联网 + 碳普惠”的垃圾分类回收运营模式，完善线下垃圾回收站点建设；居民正确分类投放或回收垃圾后，系统会给予对应的账户等值积分和信用额作为奖励，通过互联网载体，为公众低碳行为提供奖励。

070 > 低碳技术和产品推广体现在哪些方面?

低碳技术和产品推广主要体现在以下三个方面：一是开展低碳产品认证。印发实施《内蒙古自治区人民政府关于加强质量认证体系建设促进全面质量管理的实施意见》，加强质量认证体系建设。2019 年，内蒙古亿利冀东水泥有限责任公司有 4 种水泥产品获得低碳产品认证证书。二是加强科技研发与示范。围绕草原固碳减排技术研发、新能源及智能电网技术开发、增碳潜力研究等，组织实施了“内蒙古主要草原类型固碳减排关键技术集成与示范”等一批科技项目，以及“基于多能互补的分散式风电消纳系统优化研究与应用示范”等 3 个重大科技专项；围绕太阳能发电、光伏新材料电池制备技术、风光储联合并网运行调控关键技术、解决氢能发展中实现低成本制取氢气等科技需求开展关键技术攻关 8 项。三是积极推广低碳技术。自 2016 年以来，先后编制发布《2016 年度自治区节能减排与低碳技术推广目录》《内蒙古自治区重点节能技术推广目录（第一批）》，积极推动重点用能企业以目录中公布的节能低碳技术、设备和产品为重点实施节能技术改造。

071 > CCUS 示范项目情况及进展如何?

神华集团鄂尔多斯全流程 CCUS 示范项目，为国家“十二五”科技支撑计划项目 CCUS 示范项目（下表）。2010 年年底，神华集团在内蒙古鄂尔多斯地区成功建设全流程 CCUS 示范项目，该示范项目利用鄂尔多斯煤气化制氢装置排放出的二氧化碳尾气经甲醇吸收法捕集、纯化、液化后，由槽车运送至封存地点后加压升温，以超临界状态注入 1 000～3 000 米深的目标地下咸水层，实现从捕集到封存的全流程 CCUS 示范，注入规模可达 10 万吨 / 年，是世界上第一个定位埋存在咸水层的全流程 CCUS 示范项目，首次实现了煤制油较高浓度二氧化碳捕集和超低渗陆相咸水层注入封存，累计封存量超过 30.26 万吨的二氧化碳，该项目于 2016 年 6 月通过科技部验收。项目现已进入后监测阶段，在国家能源集团和中美清洁能源联合研究中心的支持下，安全及环境相关监测任务正在按照计划逐步实施中。

内蒙古 CCUS 示范项目

项目名称	规模	捕集源	捕集技术	运输	处置地点	最终处置技术	建设及运营情况
神华集团鄂尔多斯全流程 CCUS 示范项目	10 万吨 / 年	神华煤制油化工有限公司	煤制油，全流程燃烧前捕集，基于变压吸附	罐车运输（距离 17 千米）	鄂尔多斯盆地	咸水层封存	2011 年投运，间歇式运营

072 > 公共机构低碳化管理是如何推进的?

低碳发展是公共机构在新形势下节能工作的扩展，公共机构践行低碳发展将对其他行业部门起到示范作用。全区主要从以下措施推进公共机构低碳发展：一是加强绿色节能产品市场推广。引导流通企业增设绿色产品专区，限制商品过度包装，减少一次性用品使用，宣传绿色、低碳、循环发展理念和绿色生活消费方式。引导企业按照《企业绿色采购指南（试行）》，借助实体店、网店及互联网平台采购绿色、低碳产品。二是开展绿色商场创建。组织指导呼和浩特万达广场商业管理有限公司、呼和浩特市回民区万达广场商业管理有限公司和包头九原万达广场商业管理有限公司三家企业开展绿色商场创建工作。按照《绿色商场创建实施工作方案（2020—2022年度）》要求，将全区28家10万平方米以上大型商场基本情况表报商务部。三是加快再生资源回收体系建设。推进《再生资源回收体系建设中长期规划（2015—2020年）》实施，推动再生资源回收行业经营模式由粗放型向集约型转变。

073 > 围绕低碳生活方式开展了哪些工作?

引导全民参与，是碳达峰和碳中和工作最坚实的保障。近年来，内蒙古自治区围绕低碳生活方式，主要开展了以

下三个方面的工作：一是加强废弃物资源化利用和低碳化处置。各盟市积极开展城市废弃物集中处理和资源化利用项目建设，完善城市废弃物回收利用体系，积极推动工业大宗废弃物资源化利用、低碳化处理研究工作。二是积极推进垃圾分类工作。先后制定印发了 14 个生活垃圾分类规范性文件，成立了以市政府主要领导为组长的生活垃圾分类工作领导小组，建立了联席会议制度，统筹推进垃圾分类工作。目前，全区 12 个盟市已开展公共机构垃圾分类，并在示范片区开展垃圾分类试点，采用多种形式加强宣传，居民知晓率和参与率不断提高，市容环境得到有效改善。三是大力倡导绿色低碳出行方式。深入落实《内蒙古自治区人民政府关于城市优先发展公共交通的意见》（内政发〔2013〕108 号），结合城市发展实际，推进落实城市公共交通优先发展政策，开辟公交专用道，建成 BRT 公交专用线，优化城市公交网络。在节能宣传周和全国低碳日，开展形式多样的宣传和主题实践活动，积极引导公众采用公共交通和节能环保方式出行。

074 > 低碳发展转型面临哪些机遇与挑战？

内蒙古自治区低碳发展转型面临的机遇主要体现在以下三个方面：一是有望成为国家绿色清洁新能源基地。全区风能、太阳能资源具有独特开发利用的优势和价值，是大规模发展绿色清洁能源电力不可多得的战略资源。“十四五”时期，还将进一步增加可再生能源发电装机容量以及提升电力消纳能力。二是建立内蒙古碳汇功能区具备良好基础。全区拥有广袤的森林和草原，尤其是内蒙古大兴安岭林区，森林面积、蓄积均居全国国有林区之首，是国家重要的纳碳贮碳基地，森林年净生长量 2 000 万立方米以上，按照每生长 1 立方米林木，平均吸收约 1.83 吨二氧化碳计算，森林碳储量增长潜力巨大。三是具有发展 CCUS 技术得天独厚的条件。内蒙古自治区是我国重要的能源金三角，且碳地质封存条件有利，已积累了较好的技术和项目经验，初步形成了可供推广的模式和经验，具备大规模示范的基础。

设计者：张冉昊

内蒙古自治区低碳发展转型面临的挑战主要体现在以下四个方面：一是能源消费过于倚重煤炭。煤炭在全区能源消费中的主体地位短时期内难以根本性转变，并且偏重于重化工的产业结构进一步固化了上述能源结构。二是交通领域碳排放极有可能持续增加。使用化石燃料为驱动的交通运输工具仍会在未来较长一段时期内存在，并且运输结构中货运占比较高。三是建筑领域高耗能和高排放特点明显。建筑领域具有环节多、链条长的特点，难以实现精准化管理，再加上全区人口分布“大分散、小集中”的基本格局，以及每年平均超过 6 个月的供暖季，使得建筑领域低碳发展转型存在瓶颈。四是发展可再生能源需要考虑生态保护红线约束。全区 50.46% 的国土被划入生态保护红线，明确草原、森林等重要生态功能区不得再新建风电、光伏项目，如何在有限空间、有限资源的前提下发展可再生能源成了新的挑战。

第六章

CHAPTER 6

内蒙古自治区低碳转型的路径

075 > 如何发展可再生能源？

内蒙古自治区可再生能源丰富，特别是风力发电、光伏发电潜力巨大，可重点围绕以下几个方面发展可再生能源：一是加快可再生能源基地建设。充分发挥可再生能源成本竞争优势，坚持市场化方向，优先发展和利用可再生能源，提升可再生能源在区域能源供应中的比重；坚持大规模外送和本地消纳、集中式开发和分布式开发并举，实施可再生能源倍增工程；按照区内电力需求，优先建设区内自用风力、光伏项目；重点在采煤沉陷区、露天矿排土场等地布局风力、光伏电站；在鄂尔多斯、锡林郭勒盟、乌海、呼伦贝尔等地区推进光伏发电与采煤沉陷区治理、矿区生态修复的结合；大力推动库布齐、乌兰布和、浑善达克、乌珠穆沁、科尔沁等沙漠荒漠地区生态治理过程中的光伏、治沙项目开发。二是因地制宜多元发展分布式能源。鼓励有条件的地区利用工业园区周边土地和厂房屋顶、楼宇屋顶发展分布式光伏和建筑一体化光伏；鼓励在服务区和边坡等公路沿线合理布局光伏发电；在农牧区推广“农光互补”“林光互补”“牧光互补”等模式；继续推进多能互补、集成优化示范项目建设；在自治区级及以上工业园区开展可再生能源微电网示范应用，以风能、太阳能

等可再生能源分布式系统为基础，同步配置高效储能调峰装置。三是推动能源互联网建设。在能源生产、消费、配置环节协同发力，打造以清洁能源为主导，电为中心，互联互通的能源互联网，促进清洁能源大规模开发和高效利用；做好自治区能源互联网示范项目的组织协调和监督管理工作，保质保量地推进能源互联网示范项目建设。

076 > 如何发展氢能产业？

内蒙古自治区氢能资源丰富，按照国家的部署要求，着力在完善优化产业链条、拓展示范应用场景、强化政策保障等方面下功夫，全区的氢能产业呈现出良好的发展态势和潜能。后续发展可重点从以下两个方面着手：一是推进氢能利用示范工程建设。切实做好可再生能源与氢能技术在电力系统方面的有机结合；鼓励存量新能源项目在充分研究新能源出力特性、受端系统条件和消纳空间的基础上科学确定增配氢能作为储能设施的可行性和规模，建设一批“风、光、氢一体化”示范工程，降低弃风率、弃光率，最大化利用风、光资源。二是合理谋划氢能发展路径。实施绿氢经济工程，以打造全国领先的氢能产业应用示范基地为目标，推动氢能产业向规模化、集群化、高端化发展；依托鄂尔多斯和乌海燃料电池汽车示范城市建设，发展规模化风、光制氢，探索氢能供电供热商业模式，建设绿氢生产基地。

077 > 如何构建低碳循环产业体系？

要准确把握党中央对内蒙古自治区的战略定位，坚定不移地践行“绿水青山就是金山银山”理念，以产业转型作为推动低碳转型发展的“内核”，走出简单的“挖煤卖煤、挖土卖土”传统发展方式，以产业生态化、生态产业化引领经济结构战略性调整，加快改变产业“四多四少”的状况。具体工作可围绕以下四个方面展开：一是促进传统产业转型升级高质量发展。以钢铁、焦化、建材、有色金属、化工和农畜产品加工等行业为重点，加快用高新技术和先进适用技术开展全流程清洁化、循环化、低碳化改造；充分发挥数字技术在传统产业发展中的赋能引领作用，推动相关产业迈向高端化、智能化、绿色化；严格控制电石、水泥、长流程炼钢等传统高碳排放产业新增产能。二是培育发展战略新兴产业。立足产业资源、规模、配套优势和部分领域先发优势，实施战略性新兴产业培育工程；以新材料引领新兴产业发展，保护性开发和利用石墨（烯）资源，支持参与石墨（烯）新材料储能、导电、导热、涂料等领域关键技术攻关，做大石墨电极、碳纤维等碳基材料规模，建设乌兰察布等石墨（烯）新材料生产基地；依托自治区生物疫苗创新中心，推动原料药、医药中间体向高品质成品药和制剂转变，新药研发向创仿结合、自主创新转变，构建绿色化医药创新产业链，打造特色生物医药生产基地。三是创新发展现代服务业。提升生产线服务业专业化水平，向高端价值链延伸，推动生活性服务业向高品质和多样化升级，提升服务业发展能力和低碳发展水平；增强现代物流、评估咨询、金融、科技服务、人力资源服务、电子商务、节能环保等生产性服务业对自治区制造业和农牧业的全产业链支撑，实现交叉融合的协同发展；积极推进服务业数字化转型，通过“互联网+服务”，引领现代金融、中介服务、信息、文化旅游等行业向高端领域渗透和延伸；以提升服务品质和消费满意度为着力点，全面提升文化旅游、商务商贸、健康养老、家庭服务等生活性服务业发展质量和层次，推动生活性服务业便利化、精细化、品质化发展。

078 > 工业园区如何实现低碳发展？

工业园区低碳发展是实现节能减排的重要领域，可重点围绕以下三个方面展开：一是打造园区低碳产业集群。以“低碳、清洁、高效、集群”为主线，将低碳发展理念融入园区发展规划，构建园区循环产业链条，力求整体产业链的碳排放最小化。支持企业在低碳技术的研发和创新，园区作为载体为企业低碳技术创新提供良好的政策环境，打造一批掌握低碳核心技术、具有先进低碳管理水平的低碳企业；依托自治区内国家低碳工业园区，乌海经济开发区、鄂托克经济开发区、赤峰红山经济开发区，建立先行示范园区。二是将节能作为园区低碳发展的重要手段。实施更加严格的节能审查政策，有效落实高耗能项目缓批限批，提高产业准入标准，从严控制高耗能行业产能规模，坚决遏制高耗能产业低水平重复建设；强化新建高耗能项目对“十四五”能耗“双控”影响评估和用能指标来源审查，未落实用能指标的高耗能项目，节能审查一律不予批准；加强事中、事后监管，强化项目建设投产节能验收，确保能耗双控目标任务的完成。三是提高园区数字化生产、营运和管理水平。加快园区数字基础设施升级、园区管理与服务数字化以及园区企业数字化转型；推动引导园区内企业进行数字化升级改造，实施“无人车间”“无人工厂”和数字化园区改造，全面推动工业互联网进集群、进园区、进企业，建立工业大数据平台，通过推进生产方式数字化改造，构筑全流程、全产业链、全生命周期的工业数据链接，推动设备、生产线的自动化、数字化改造，提升制造业企业关键工序数控化率和数字化生产设备联网率；以数字化管理推动企业和园区生产力水平的提高。

079 > 重点工业如何实现低碳发展？

重点工业低碳发展可重点围绕以下四个方面展开：一是深挖存量煤电节能潜力，鼓励火电企业对标行业 5A 级能效机组开展节能技改。推广亚临界机组提升参数改造、凝汽器真空保持节能系统、冷却塔用离心式高效喷溅装置、富氧燃烧点火稳燃节油等先进技术；鼓励研发和引进先进褐煤干燥系统及方法，探索褐煤干燥提质过程中水分高效回收利用技术，努力挖掘褐煤机组节能降碳潜力。二是“三区三线”内不再核准、备案任何新（改、扩）建化工项目。不再布局新的化工园区，加快推动化工企业入园发展，做好现有园区内企业准入和布局工作，实现上下游一体化协同，尽量形成企业间产品原料的相互供给，推动物料、能源、信息、物流以及基础设施的一体化，实现经济、环境效益最优化。鼓励焦化行业做好焦炉煤气、煤焦油、粗苯副产品深加工产业链的优化延伸，实现产品多元化、分质化发展，提升产品价值；积极开展煤热解气化一体化、煤基合成气直接制烯烃 / 芳烃等高效煤基能源化工技术的研发及工业化应用；支持一批煤化工、天然气化工、石油化工行业针对高纯二氧化碳进行捕集利用的示范项目。三是严控冶金行业新增产能，新、改、扩建（含搬迁）冶金项目严格执行产能置换、能耗指标置换实施办法，坚决压缩粗钢产量。钢铁行业鼓励提高电炉炼钢比例，提高废钢利用率；基于乌海氢基熔融还原铁项目，扩建氢能炼钢示范项目；依托数字化、智能化提高企业管理运营水平，降低废钢率，提升能源利用效率；电解炉行业逐步淘汰 400 千伏安以下电解铝装置，继续推广新型阴极结构、新型导流结构、高阳极电流密度超大型铝电解槽等先进工艺；改善电解铝用电来源构成，由煤电铝向风光储铝转型。四是不再审批水泥新增产能，依法依规淘汰落后产能，推进企业间联合重组，鼓励水泥产能向外转移。加快淘汰 2 500 吨 / 日（含）以下低能效水泥熟料生产线；发挥水泥窑温度高、焚烧时间长、处置彻底的优势，加大协同处置垃圾废弃物及垃圾衍生燃料政策扶持和科技研发。

080 > 建筑领域如何实现低碳发展？

建筑领域低碳发展可重点围绕以下四个方面展开：一是提高城乡清洁化取暖水平。大力推广热电联产集中供热，加速淘汰燃煤小锅炉，继续做好工业余热和大型区域锅炉房集中供热，科学布局天然气、电力和可再生能源供暖项目，加大供热管网建设和改造力度，实现多热源互联互通；在宾馆饭店、旅游景区、洗浴中心推广采用太阳能加电辅助热水系统、空气能等的应用；推进农村牧区清洁取暖工作，推广空气源热泵供暖、被动式太阳暖房等，不断提高农村牧区清洁取暖覆盖面。二是加快发展绿色建筑。严格执行建筑节能强制性标准，扩大绿色建设标准的执行范围；稳步推进被动式超低能耗建筑发展，建设一批超低能耗建筑、近零能耗建筑、零能耗建筑。三是推进建筑行业低碳发展。推行绿色建造方式，推广装配式建造工艺，开展绿色施工工程示范，落实节能、节地、节水、节材和保护环境要求，提升建筑工地绿色施工和环保治理水平。四是加强公共建筑节能管理。加强国家机关办公建筑和大型公共建筑节能管理，加快淘汰落后用能设备，推动照明、制冷和制热系统节能改造，加大使用太阳能、地热能、空气能等清洁能源提供供电、供热和制冷服务的力度。

081 > 交通领域如何实现低碳发展?

交通领域低碳发展可从以下三个方面展开：一是打造高效低碳的物流体系。最大限度优化从接货、配货调度到运输的全流程，提高运输组织集约化程度。构建物流信息平台，加强物流信息共享，大力推广“甩挂运输”“多式

联运”“网络货运”等先进运输模式，提升货运组织水平和衔接转换效率，建设或改造一批智能化仓储物流示范基地；推进大宗货物运输、集装箱运输“公转铁”，深入实施铁路运能提升、多式联运提速等行动，进一步扩大铁路集疏运线路建设，推动具备条件的工矿企业、物流园区引入

铁路专用线；推进城市绿色配送，全面落实新能源和达标清洁能源配送车辆不限行和指定区域免收停车费的政策；支持物流园区、交通枢纽、邮政分拨中心、场站、停车场等交通设施采用光伏发电、风力发电技术。二是大力推广新能源汽车及相关配套基础设施建设。加大公共领域、重卡、矿用车、快递物流配送车辆和出租网约车等重点领域新能源车辆的推广力度；各盟市及计划单列市所在地新增和更新的公交车辆、环卫车辆尽可能全部使用新能源汽车；加快推进充电桩、换电站等基础设施建设，鼓励在现有各类建筑物停车场、公交站、社会公共停车场和加油站等场所配套建设充电基础设施。三是引导公众优先选择低碳出行方式。强化"公交优先"战略，推广"公交都市"创建优良经验，进一步提高公共交通出行分担率。强化城市不同交通方式的衔接融合，通过交通枢纽实现方便、高效的换乘；推进客运铁路公交化运营和改造，加快铁路客运专用线建设；结合城市更新和街道改造，构建慢行和非机动车车道，提升城市慢行出行品质，引导居民采用"步行+公交""自行车+公交"的绿色出行方式。

082 > 农牧业如何实现低碳发展？

农牧业经济一直都处于高碳化阶段，是实现低碳发展

转型的重要领域。可围绕以下三个方面实现农牧业低碳发展：一是不断优化农牧业产业结构。通过大力扶持中小农畜产品的加工企业、推动农牧民合作组织化建设、助推经营理念和发展方式的更新；发挥龙头企业和优质品牌的引领作用，推动基地建设、行业整合和品牌运营，全面提升农畜产品精深加工水平。二是政府加大扶持与管理力度。加强财政补贴，积极推动农牧企业的集约化发展。通过对高碳排放农牧企业进行监督与管理，引导其走低碳发展之路。三是大力推进低碳科技的应用。科学技术是推进全区农牧业低碳化发展的中坚力量，需要加强自治区农牧业现代化技术升级，改变传统的农耕牧养模式；将气象灾害预报技术与数字化管理相结合，最大限度地提升农牧产品价值，不断推行科技创新，走农牧业科技化发展道路。

083 > 如何提升生态碳汇能力?

内蒙古自治区可重点从以下几个方面提升生态碳汇能力：一是加强森林资源培育，增加森林碳汇。着力推进大规模国土绿化，支持乡村绿化美化行动，全面推进森林城市群和森林城市建设；持续组织实施天然林保护、京津风沙源治理、退耕还林还草、“三北”防护林体系建设等国家重点生态工程；加强林木种苗培育和退化林修复，实施精准提升森林质量工程，全面加强森林经营；科学规划森林采伐作业，强化对森林中可燃物的管理，建立森林火灾、病虫害预警系统，尽可能减少源自森林破坏和灾害的碳排放。二是持续改善草原生态环境，增加草原碳汇。全面加强草原保护力度，不断强化草原监督管理，坚决查处和打

击各类违法、违规征占用草原、破坏草原植被的行为；认真落实禁牧休牧、草畜平衡制度以及草原生态保护补助奖励政策；切实做好“草原保护”“草原修复”“草原利用”三大文章，保持草原生态系统健康稳定；不断改善草原生态环境，加大保护建设力度，确保草原面积不减少、用途

不改变、质量不断提高、功能持续提升；统筹草原与森林碳汇各项工作，积极开展林草结合型国土绿化行动。三是加强湿地保护和恢复，增加湿地碳汇。严格执行已划定的湿地保护红线，加强湿地保护和恢复；通过污染清理、土地整治、地形地貌修复、植被恢复、野生动物栖息地恢复、拆除围网、生态移民和湿地有害生物防治等手段，逐步恢复湿地生态功能，增强湿地碳汇功能。四是提升耕地质量，增加农田碳汇。开展耕地质量保护与提升行动，扩大黑土地保护、利用面积，开展黑土地保护性耕作行动，推广增施有机肥、秸秆还田、免耕栽培等保护性耕作措施，推进耕地轮作常态化；持续强力推进高标准农田建设和盐碱地改良，持续提高土壤有机碳含量，增加农田土壤碳汇。

084 > 如何加大储能技术的示范和应用？

大力推广储能技术应用，实现自治区绿色能源高效配置，可重点围绕以下六个方面展开：一是大力推进电源侧储能项目建设。布局一批配置储能的系统友好型新能源电站项目，通过储能协同优化运行保障新能源高效消纳利用，为电力系统提供容量支撑及一定调峰能力；充分发挥大规模新型储能的作用，推动多能互补发展，提升可再生能源电量占比；探索利用退役火电机组的既有厂址和输变电设施建设储能或风光储设施。二是积极推动电网侧储能合理化布局。通过关键节点布局电网侧储能，提升大规模、高比例新能源及大容量直流接入后系统灵活调节能力和安全稳定水平；在电网末端及偏远地区，建设电网侧储能或风光储电站，提高电网供电能力；围绕重要负荷用户需求，建设一批移动式或固定式储能，提升应急供电保障能力或延缓输变电升级改造需求。三是积极支持用户侧储能多元化发展。鼓励围绕分布式新能源、微电网、大数据中心、5G 基站、充电设施、工业园区等其他终端用户，探索储能融合发展新场景；鼓励聚合利用不间断电源、电动汽车、用户侧储能等分散式储能设施，依托大数据、人工智能、区块链等技术，探索智慧能源、虚拟电厂等多种商业模式。四是增强储能产业竞争力。通过重大项目建设引导提升储能核心技术装备自主可控水平，依托具有自主知识产权和核心竞争力的骨干企业，带动产业链建设和完善。五是结合自治区电网独立管理体制，健全新型储能价格机制。建立电网侧独立储能电站容量电价机制，逐步推动储能电站参与电力市场；探索研究将电网替代性储能设施成本收益纳入输配电价回收；完善峰谷电价政策，为用户侧储能发展创造更大空间。六是健全“新能源＋储能”项目激励机制。对于配套建设新型储能的新能源发电项目，动态评估其系统价值和技术水平，可在竞争性配置、项目核准（备案）、并网时序、系统调度运行安排、保障利用小时数、电力辅助服务补偿考核等方面给予适当倾斜。

085 > 如何推动 CCUS 技术的示范和应用？

重点可围绕以下四个方面推动 CCUS 技术的示范和应用：一是加强机制设计，明确 CCUS 技术中长期发展战略定位。将 CCUS 技术纳入内蒙古自治区低碳发展技术范畴，设立专项技术资金，引导政、产、学、研形成工作合力；制定 CCUS 技术研发示范项目监管条例和行业规范，明确研发示范项目的责任主体和监管、审批主体，建立行业与政府之间的联合协调机制；探索不同利益相关方有效沟通交流机制，提升政府、企业、公众对 CCUS 技术的认同程度。二是出台财税激励政策。加大对自治区集成示范项目的财政支持力度，配套低息和无息贷款等多方面财税激励政策；参考新能源产业的发展路径和模式，通过有力、持续的政策支持推动 CCUS 技术规模化部署和商业化发展；引导进行电力、煤炭、石油、化工等行业及企业之间的二氧化碳循环利用机制研究，强化行业部门联合推进 CCUS 技术产业化；设置 CCUS 技术示范项目基金，给予使用 CCUS 技术的企业补贴电价，将配置 CCUS 技术的煤电作为“绿电”给予其他低碳电力同等的市场机制及政策激励；鼓励国有企业充分发挥资本和资源的调动优势，主动探索CCUS技术发展的商业模式。三是依托自治区现有碳捕集项目，布局CCUS技术重大基础设施建设。结合自治区适宜二氧化碳封存区域的高排放产业分布情况，规划建设二氧化碳专用运输管道、封存装置等基础设施，提升源汇匹配水平，促进区域多行业产业集群式发展。四是抓住现代煤化工这一高浓度碳源的早期机遇，做大做强示范工程。利用煤化工产业高浓度二氧化碳排放源的低成本捕集优势，积极有序地开展CCUS技术全链条集成工程示范，进一步加快技术验证和产业培育进程。

086 > 区域低碳发展与试点示范怎么做？

内蒙古自治区可从以下几个方面推进区域低碳发展与试点示范工作：一是统筹推进区域绿色发展。东部盟市以生态农牧业、生态旅游业为支柱构建绿色产业体系，推动老工业基地绿色振兴，把保护大草原、大森林、大河湖、大湿地作为主要任务，加强大、小兴安岭等生态功能区保护，加强黑土地保护，筑牢国家生态安全屏障；西部盟市把加强黄河流域生态保护和荒漠化治理放在首位，严格生态脆弱区限制开发政策，推进生态退化地区综合治理和生态脆弱地区保护修复，加快产业转型升级，绿色竞争力明显增强。二是制定差异化的降碳目标。权衡各盟市社会经济现状和碳汇能力等因素，兼顾各盟市的历史排放量和实际减排能力，制定差异化的碳排放强度控制目标；对自治区内开展低碳试点示范的盟市、旗县及园区，酌情制定更为严格的碳排放强度控制目标。三是开展低碳城市（城镇）试点建设。初步建立以低碳发展为特征的城市工业、建筑、交通、能源体系，支持低碳城市（城镇）率先开展碳达峰研究，制定切实可行的达峰路线图和时间表，争取尽早达峰。四是打造低碳园区、社区试点和近零碳排放示范区。制定低碳社区规划，以低碳发展理念统领低碳社区建设全过程；开展低碳知识普及以及引导居民参与“低碳”建设，培育低碳文化和低碳生活方式；加大政策扶持力度，给予具备开发条件的近零碳排放示范区实施主体财政奖励，鼓励金融机构积极参与近零碳排放示范区建设。五是支持碳捕集、封存与利用示范。充分总结国内外CCUS项目经验，跟踪最新科技进展，抓紧开展二氧化碳捕集、封存与利用研发及产业化攻关，积极探索突破低成本碳捕集和二氧化碳高附加值转化技术，部署一批回收二氧化碳进行微藻养殖、驱油、地下封存、制取化工原料、建筑材料、食品原料等的示范项目。

087 > 如何借助碳金融实现碳达峰和碳中和?

借助碳金融实现碳达峰和碳中和的工作目标可围绕以下三个方面展开：一是充分发挥碳市场作为碳定价机制推动减排与低碳转型的作用。目前，全国碳市场发电行业第一个履约周期正式启动。自治区应积极参与全国碳市场建设，鼓励自治区企业参与碳排放权交易，并支持地方自主开展林业碳汇等具有明显生态修复和保护效益的温室气体自愿减排项目。二是培育绿色低碳产业，提升碳金融市场需求。着力调整经济产业结构，大力提高对低碳部门的扶持力度，改善高消耗、高排放的生产方式，大力促进地区产业转型升级，深入推动技术创新、模式创新、管理创新，鼓励利用新技术、新工艺替代落后的旧工艺、旧设备，大力发展清洁能源的建设，提升实体经济对包括碳金融在内的绿色金融的市场需求。三是适当放宽准入标准，鼓励金融机构、碳资产管理公司等第三方中介机构参与市场交易。加强统筹兼顾，系统谋划，明确各部门的职责分工，鼓励全国范围内金融机构、碳核算及碳资产管理公司等第三方中介机构参与自治区内投资项目，积极鼓励培育中介机构和市场，健康良性参与碳金融市场。

第七章

CHAPTER 7

关于低碳生活，我们该怎么做

088 > 与低碳相关的节日主要有哪些？

植树节（3 月 12 日）所倡导的植树造林活动是保护生物多样性的治本之举，也是增加森林碳汇、实现碳达峰、碳中和的重要途径。目前，中国森林植被总碳储量已达 92 亿吨，平均每年增加的森林碳储量超过 2 亿吨。2020 年中国提出的新气候行动目标中，确立了到 2030 年森林蓄积量比 2005 年增加量从 45 亿立方米左右提高到 60 亿立方米的目标，彰显了我国进一步推进国土绿化、应对气候变化的决心。

世界地球日（4 月 22 日）是一个专为世界环境保护而设立的节日，旨在提高民众对于现有环境问题的认识，并动员民众参与到环保运动中，通过绿色低碳生活，改善地球的整体环境。现今，地球日已成为世界上最大的民间环保节日，并且气候变化一直以来都是地球日的重要话题。

世界环境日（6 月 5 日）是由联合国确定的世界性活

动日，它反映了世界各国人民对环境问题的认识和态度，表达了人类对美好环境的向往和追求。每年世界环境日，各国都要围绕一个统一的主题来开展各种环境保护活动，而绿色低碳的生活消费则是最受各国关注和重视的主题之一。

全国低碳日（每年全国节能宣传周的第三天）设立初衷是普及气候变化知识，宣传低碳发展理念和政策，鼓励公众参与。从我做起，从日常生活点滴做起，成为绿色低碳生活消费的践行者、倡导者和传播者。

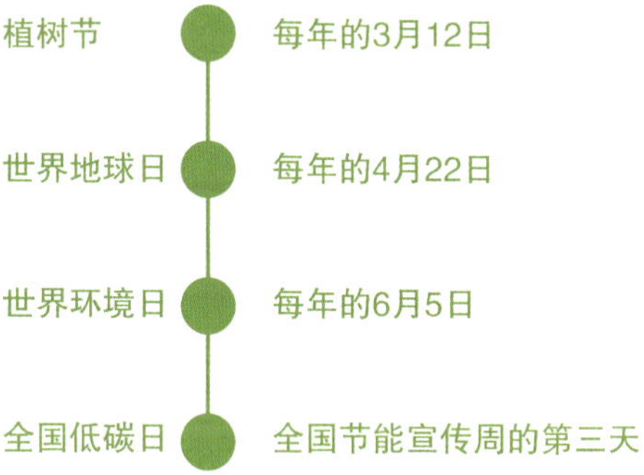

089 > 日常生活会产生多少碳排放量？

我国 38% 的能源消耗来自于日常生活。粗略估算，一个三口之家每年衣食住行等方方面面产生的碳排放量可达 11.59 吨。假设每人每月添置一件新衣服，一家三口一年共新购置 36 件衣服，排放的二氧化碳为 205 千克；一年使用的洗衣粉为 10 千克，排放的二氧化碳为 7 千克，一年合计 212 千克。假设全家有一人抽烟，每周 2 包，一年产生二氧化碳 1.88 千克；假设有一人喝酒，每周 2 瓶啤酒，一年产生二氧化碳 22.88 千克；假设每天消耗 1 千克肉制品，一年产生二氧化碳 452.6 千克；假设每天消耗 2 千克粮食，一年产生二氧化碳 584 千克；一年合计 1 060.42 千克。假设三口之家的住房面积在 81 平方米，如果采用集中供暖，一年所产生的二氧化碳为 3 859.65 千克；一年用电量估计为 2 000 千瓦·时，产生的二氧化碳为 1 570 千克；一年使用煤气估计 1 500 立方米，产生的二氧化碳为 1 065 千克；一年合计 6 494.65 千克。如果三口之家每年乘坐飞机经济舱探亲一次、旅游一次，每次行程在 1 000 千米，那么将产生 834 千克的二氧化碳；假设家庭有一部中等油耗、年行驶 1 万公里左右的汽车，那么将产生 2 970 千克的二氧化碳，一年合计 3 804 千克。可见，日常生活中用电、取暖、交通等活动碳排放量相对更多，而通过日常点滴良好习惯的养成，可显著减少生活中的碳排放。

090 > 地方政府如何加强低碳生活宣传教育？

地方政府应当积极开展全民低碳实践活动和宣传活动，向社会各界普及应对气候变化的知识，宣传低碳发展理念，动员全社会广泛参与低碳行动。加强对低碳生活的新闻宣传，在各类媒体平台开设低碳生活专栏，针对如何践行绿色生活，为公众提供系统性、专业性指导，倡导公众选择

绿色简约适度的生活方式，培育引领低碳新风尚。开展一系列群众接受度高的低碳主题活动，激发公众身体力行支持低碳生活的热情。壮大低碳环保志愿者队伍，开展低碳生活宣传服务进校园、入基层、下企业等公益实践活动。

091 > 政府机关如何引领绿色低碳?

充分发挥政府机关示范引领作用，大力开展绿色节约型机关创建，指导各单位开展节能降耗工作。加大政府绿色采购力度，加强对绿色采购链上相关参与主体的宣传教育，采购单位要严格执行绿色产品采购政策，健全绿色采购管理制度，落实责任主体；财政部门要切实加强对政府采购绿色产品的监督检查，加大对违规采购行为的处罚力度。引领绿色低碳办公新风尚，使用循环再生办公用品，提倡纸张双面使用，推行网上办公、无纸化办公。充分采用自然采光，合理设置空调温度，采取有效的节能节水管理措施，实施用电、用水分项计量，推广使用高效节能照明光源，减少办公耗材以及办公设备的待机消耗。发挥政府机关人员杜绝餐饮浪费的示范作用，通过餐前提醒、餐后监督以及推出小份菜和拼盘菜等多种形式，杜绝餐饮浪费，倡导文明就餐，以实际行动珍惜粮食、抵制浪费。率先全面实施生活垃圾分类制度，合理配置机关办公区垃圾分类容器设施，张贴分类投放标识，建立生活垃圾分类收集与清运台账，定期公示垃圾清运数量。

092 > 公共机构如何践行绿色低碳？

加强公共机构节能能力的建设，积极开展能耗数据统计等业务培训，对公共机构进行用能常态化监测，健全、

完善各级公共机构名录库，探索实施合同能源管理新模式。在学校、医院、图书馆等公共机构实施绿色化改造行动、可再生能源替代行动、节水护水行动、绿色办公行动和数字赋能行动等绿色低碳转型行动。实施公共机构能耗管理奖励、通报制度，推动将公共机构节约能源资源工作纳入绩效考核以及文明单位创建等活动指标体系。结合全国公共机构节能宣传周、全国低碳日、世界水日等活动，积极开展节约能源资源宣传实践活动。

093 > 商场企业如何推进绿色低碳？

积极开展“绿色商场”创建活动。推进塑料污染专项整治，积极引导商场、超市等场所，通过积分奖励等激励手段推广使用环保布袋、纸袋等非塑制品和可降解塑料袋，鼓励设置自助式、智能化投放装置，推广使用生鲜产品可降解包装膜（袋）。推广绿色采购，鼓励企业选用绿色低碳产品，打造全链条绿色办公。推广企业采用可完全降解的快递袋和无须使用封箱胶带的拉链式快递纸箱，避免快递包裹的过度包装。倡导企业大力推进绿色环保回收，提高废旧物品利用率。

094 > 社区如何推动绿色低碳？

按照绿色低碳、便捷舒适、生态环保的要求，持续推动低碳社区建设，支持有条件的社区打造低碳社区示范点。探索应用“太阳能 + 空气能”的热水系统、“光伏 + 储能”的供电系统、“热泵 + 储冷储热”的集中供冷（热）系统，降低社区能耗水平。选用可持续的建筑材料，增加建筑布局密度，减少建筑物散热，最大可能延长建筑寿命。建立社区低碳组织进行社区低碳管理，增强居民对社区的归属感和自豪感，进而发掘培育社区的低碳价值和文化，实现自下而上的社区低碳建设。

095 > 如何做到低碳穿衣？

买衣服建议三思而后行，想一想自己是否需要，不妨多购买一些经典款式的服装，这样就不必为赶潮流而不断

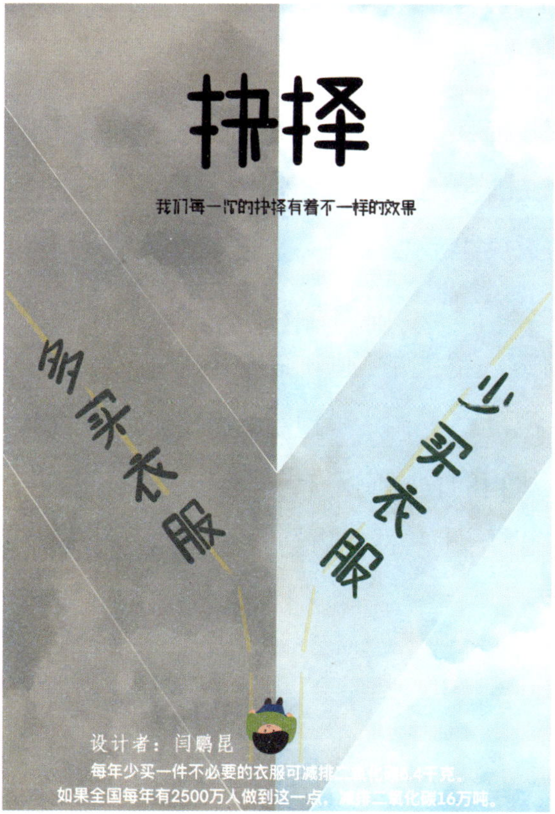

购买衣服；减少套装的数量改买单品，再配合一些腰带、背包之类有装饰性的东西，从而使用更少的衣服搭配出更多的穿法；尽可能穿棉质衣服，拒绝穿皮草和化纤的衣服；少去干洗店、少用化学制剂洗衣服，如漂白剂、柔顺剂，做到节能减碳；鼓励在适宜的情况下采用手洗和自然晾干衣服；鼓励旧衣服的回收循环利用。

096 > 如何做到低碳饮食?

吃多少煮多少，吃多少点多少，减少食物的浪费；多食用蔬菜和粮食，少吃肉类、少吸烟喝酒，不仅可以减少碳排放，更能让您的身体健康。尽量购买本地和时令食材、少购买反季节水果蔬菜，可减少长途运输带来的能源消耗和环境污染。选用金属锅更节省煤气或天然气，用高压锅和蒸汽锅能节约 70% 的天然气。冰箱温度避免调得过低，温度每上调 1～2 摄氏度就会减少 25% 的能源费用；放入冰箱的食物应用保鲜袋或保鲜纸封好或放入密封容器中，没有包好的食物会释放出水分，使压缩机工作频繁。

097 > 如何做到低碳居住?

室内装修时避免遮盖暖气管，因为遮盖暖气的家具或木板会吸收20%左右的热量；使用双层玻璃窗户，做好窗户的密封，提高室内保温效果；室内使用节能灯泡；把空调安装在房间的阴凉位置，定期清洁空调或更换过滤装置；制冷模式下将家中的空调设置在24～26摄氏度为最佳水平；尽可能购买能效等级高的空调和其他电器。家中适当种植一些绿色植物，可吸收空气中的二氧化碳。

098 > 如何做到低碳出行？

长途旅行时，在适宜情况下放弃飞机而改乘火车的话，二氧化碳的排放量能够降低 90% 以上。尽量避免在车后备厢放置无用的重物，减轻车身重量，例如，少放一箱矿泉水每年可减少碳排放 2 千克。日常出行时，鼓励选择步行、骑单车或乘坐公共交通等方式，从而减少私家车、出租车的使用；研究表明，乘出租汽车的碳排放量是坐公共汽车的 7 倍，乘地铁的 14 倍。家庭购车，优先选择新能源汽车或节能型汽车。合理规划驾车出行路线，避开拥堵路段。

099 > 如何减少一次性用品的使用？

党政机关和企事业单位带头减少使用一次性用品。办公室、会议室、机关食堂等公务活动场所不购买、不摆放、不使用不可降解的杯子、资料袋等用品，提倡自带茶杯或使用可降解的茶杯，减少使用一次性办公用品。减少家庭使用一次性杯子、碗筷、保鲜膜、购物袋等用品。倡导公众在酒店、餐饮店、医院等公共场所减少使用一次性用品。大力推行无纸化办公，在不违反保密规定的情况下，一般性文件、资料均通过网上传阅，更多地利用电脑、网络等处理公务。提倡办公用品循环利用，减少信封的使用，减少打印、复印，确需打印的文稿按标准排版、双面打印。

100 > 如何全面参与生活垃圾分类？

我们扔掉的垃圾中，像玻璃瓶、塑料瓶、铁皮、纸板等，把它们分拣出来扔到可回收物桶里，就会重新被利用起来，从而提高垃圾的资源价值和经济价值，并有效减少了生产这些物品所排放的温室气体。实行垃圾分类后，可针对不同类型的垃圾安排合理的处理方式，增加回收利用效率，减少碳排放；如厨余垃圾的生化处理可以进行沼气发电，其他垃圾焚烧后也可发电，焚烧 1 吨垃圾约可产生 400 千瓦·时的电量，有效补偿了垃圾收集、运输和处理等各环节所涉及的能源消耗及其碳排放。垃圾焚烧后的炉渣也可以进行资源回收利用，比如城市人行道的道板路有一部分就是炉渣做的砖。由此可见，垃圾的科学分类、回收与处理对减少二氧化碳有重要贡献，而想要实现垃圾的无害化、减量化和资源化，就需要我们从源头上正确分类、投放垃圾。

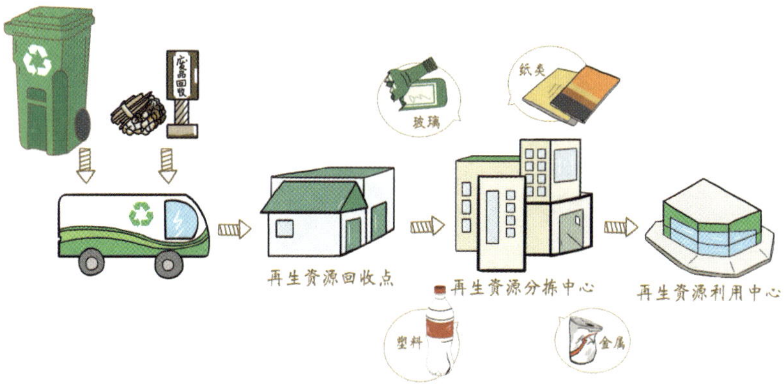